高君宇 石评梅

情书全集

【图文珍藏本】

高君宇 石评梅 著

陈漱渝 编注

张瑞霞 整理

中国青年出版社

**图书在版编目（CIP）数据**

高君宇石评梅情书全集：图文珍藏本 / 高君宇，石
评梅著；陈漱渝编注；张瑞霞整理.—北京：中国青
年出版社，2022.6

ISBN 978-7-5153-6632-6

Ⅰ.①高… Ⅱ.①高… ②石… ③陈… ④张… Ⅲ.
①高君宇（1896-1925）– 书信集②石评梅（1902-1928）
– 书信集 Ⅳ.①K827=6

中国版本图书馆 CIP 数据核字(2022)第069458号

书　　名：高君宇石评梅情书全集（图文珍藏本）
著　　者：高君宇　石评梅
编　　注：陈漱渝
整　　理：张瑞霞
责任编辑：陈静　张佳莹　庄庸
出版发行：中国青年出版社
社　　址：北京市东城区东四十二条21号
网　　址：www.cyp.com.cn
编辑中心：010-57350502
营销中心：010-57350370
经　　销：新华书店
印　　刷：北京中科印刷有限公司

规　　格：787mm×1092mm　1/16
印　　张：15.5
字　　数：180千字
插　　页：2
版　　次：2022年7月北京第1版
印　　次：2022年7月北京第1次印刷
印　　数：1—5000册
定　　价：68.00元

# 特别说明

关于本书为什么没有石评梅的回信，而收入了很多石评梅写的散文、诗歌、碑文，以及她给好友的信？编注者特做以下说明：

第一，石评梅给高君宇的信佚失，没有保留下来。

第二，本书收入的石评梅致友人信，都讲述了她跟高君宇的情感经历。那些以"辛""天辛"为主人公的诗歌、散文、小说，即以高君宇为原型，具有很强的纪实性。在石致高情书佚失的情况下，这类作品是重要的补充，具有重要的研究价值。

特此说明。

高君宇（1896～1925）

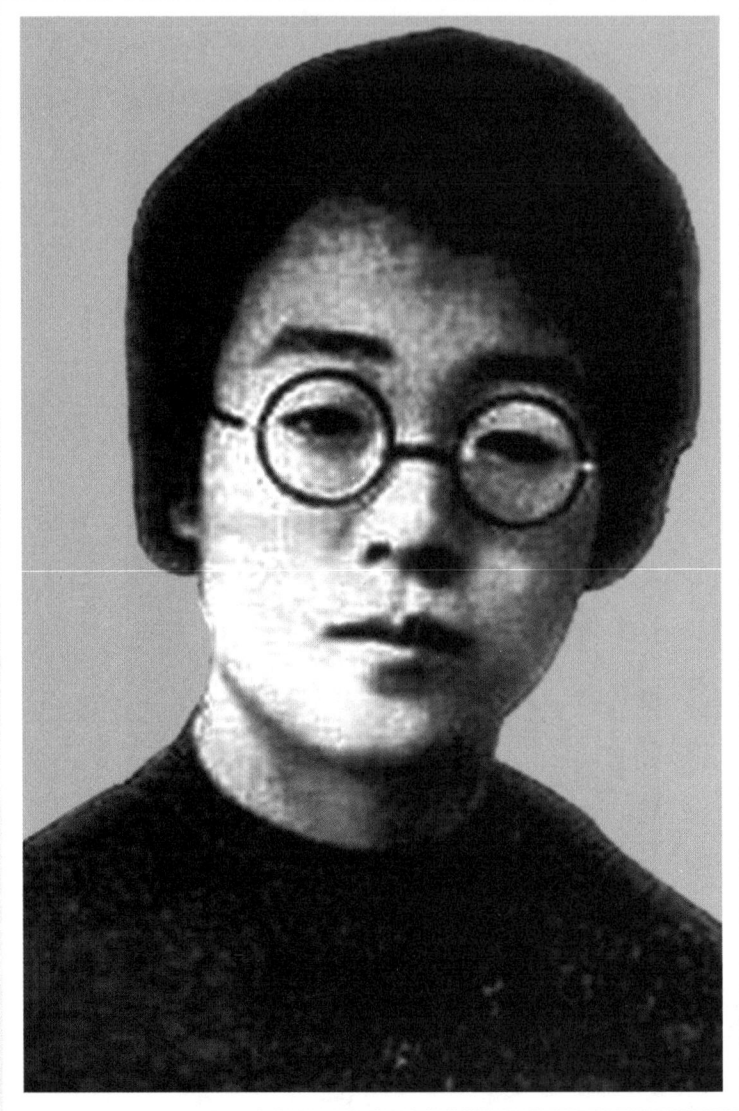

石评梅（1902 ~ 1928）

高君宇手稿

今天辭別回心覺得很凄涼　如我不必說了
你僅僅想我的蕭葉里畫未乾　我也寫一篇算作秋的亂
贈芸從念合　陶旺去幃　遊　共寫三張　贈你一贈
清　一面信梅自己留存
把我信封想像的面已醒了　夜裏畫達歐寫
是嗎？我是連路都上樹街起來了。
許梅　十五年秋
東　十月十二夜

一衝出來，狂追去！
壁土本村嚴地主在我們面前　我們應該怎樣呢？京
閻獄圍住了我們的靈魂和肉體　我們應該怎樣呢？那
閉眼業生出那面的世界　乾脆升如那
我們不是安能的時候啊！朋友　國民性情物誠實至微
協善菲的我們　俸力智力都是蓋住者　滔滔滾滾
的潮流中　我們是停息在沙難上的　浩蕩前進的光社
化道上　我們是蹣跚未前的孩子。
我們安於困難崎嶇的生活　因之我們莫有機會
稿

石评梅手迹

石评梅为高君宇题写的碑文

高君宇石评梅雕塑

石评梅在高君宇墓前

石评梅高君宇并立之碑

# 目 录

**第贰章**
石评梅书简 / 39

第叁章
石评梅文章 / 75

诗歌

# 春风青冢寄真情

## ——高君宇与石评梅

### 一、高石之墓

三百多年前的清代康熙年间，北京西城慈悲庵附近修建了一座陶然亭，取义于白居易诗句："与君一醉一陶然。"这里不仅留下了很多名人的诗文楹联，也留下了不少革命家的身影。1952年在此处修建了陶然亭公园。公园中央岛北坡下的绿茵处，有一座高君宇和石评梅的巨型石雕像。高君宇的墓碑上刻有石评梅亲自撰写的隶书碑文："我是宝剑，我是火花。我愿生如闪电之耀亮，我愿死如彗星之迅忽。"下接碑文的楷书小字写道："这是君宇生前自题像①片的几句话，死后我替他刊在碑上。君宇！我无力挽住你迅忽如彗星之生命，我只有把剩下的泪流到你坟头，直到我不能来看你的时候。"据考证，高君宇在照片上题写的这几句话，出自德国诗人海涅的诗作《颂歌》。

远在东汉时期，乐府民歌中就流传着焦仲卿和刘兰芝坚贞的爱情故事。如今安徽庐江县修建了一处相思林公园。这当然不是真文物，只能引发今人的一些历史联想而已。东晋时代，又有祝英台哭梁山伯坟"化茧成蝶"的故事。这当然更属于民间传说，所以全国各地的"梁祝之墓"有九处之多。而陶然亭内保存的这座"高石之墓"，不仅是真实的历史遗迹，而且还带有浓郁的革命浪漫主义色彩。

既然是历史遗迹，当然会经受历史风涛的冲刷。目前人们看到的这座高石之墓，其实经历了三次历史变迁。

高君宇于1925年3月5日因猝发盲肠炎病逝于北京协和医院，终年29岁。同月30日，"高君宇追悼会"在北京大学法学院礼堂举行，中共北方区委员会负责人赵世炎主持，邓颖超等百余人参加。同年5月8日，高君宇被安葬于陶然亭——这是石评梅根据高君宇遗愿操办的，因为高君宇认为当年的北京城已被权贵的马蹄践踏得肮脏不堪，只剩下陶然亭这块荒僻土地还算干净。安葬费用主要由中国共产党北方区党组织支付，石评梅主动垫付了购买墓碑的不足之款30元。

三年后，即1928年9月30日，26岁的石评梅因流行性脑膜炎兼蔓延性支气管炎病逝于北京协和医院，灵柩先存放于北京下斜街（原属宣武区，现属西城区）的长寿寺。1929年10月2日，石评梅的灵柩也安葬于陶然亭，位于高君宇墓的右侧，墓碑正面刻的是"故北京师范大学附属中学校女教员石评梅先生之墓"，碑基正面镌刻着"春风青冢"四个大字。两墓形状相似，成双并排。石评梅的双亲还委托其友人陆晶清将一个红漆木盒作为殉葬品，盒内装着评梅儿时的梳头工具和几件心爱的玩具，还有六枚图章和一件玉器、一支钢笔。

高石之墓第二次变迁的情况是：1952年，北京市政府以陶然亭为标志开辟一座公园，发布了迁坟的报告，但高君宇和石评梅的墓地没有亲友认领，由施工单位迁往南郊。周恩来总理视察公园施工现场时了解到这一情况，立即指示将高、石之墓迁回公园重新安葬，并指出："革命与恋爱没有矛盾，留着它对于青年人也有教育意义。"周总理及其夫人邓颖超多次凭吊过高石之墓，并向同行人员讲述他们的动人事迹，抒发缅怀之思。1973年冬，身罹绝症的周总理对高君宇之侄高培春的来信亲自批文，责成北京市民政局将高君宇骨灰存放在八宝山革命公墓，按地委级待遇，而将石评梅骨灰存放至老山公墓。事后，石评梅的骨灰盒因三年无人缴纳存放费，被管理单位深埋于地下。

1984年清明节，高君宇、石评梅之墓第三次安葬于陶然亭。高君宇的骨灰盒上覆盖了一面党旗，而石评梅的骨灰却未能找到，只在棺内存放了一张骨灰证、一幅带框的遗照、一件玉器、一支生前用过的钢笔。高、石两棺之间有一截短墙，表示他们生前未能实现结婚的凤愿。首都四百多名青少年代表和各界人士参加了高君宇、石评梅塑像的剪彩仪式，此后"高石之墓"成了进行红色教育的重要基地。

## 二、象牙戒指

《象牙戒指》是女作家庐隐1928年创作的长篇小说，曾于《小说月报》连载，1934年5月由商务印书馆出版单行本。书中有三个主要人物：女主人公张沁珠以石评梅为原型，评梅乳名为元珠；男主人公伍念秋以石的初恋对象吴天放为原型，"吴"与"伍"英译名的第一个字母均为"W";另一男主人公曹子卿即以石的爱人高君宇为原型。曹子卿在小说中亦名"长空",估计跟高君宇名字当中的"宇"字和曾使用过"天辛"这一笔名有关。

在一篇学术性的文章中,为什么首先要援引一部小说的细节呢?因为这是一部纪实小说,虽然不排除有虚构成分,但其基本情节均有史实依据。庐隐跟石评梅是无话不谈的闺蜜,又读过石评梅的情书和日记。在这些情书和日记佚失的情况下,这部小说的史料价值就更显珍贵。在中国新文学早期,庐隐跟冰心、林徽因并称为"福州三才女",受到茅盾等前辈作家的首肯,其《象牙戒指》多次出版,影响面较广。

这部小说的梗概是:女主人公张沁珠是一所女子高等师范学校体育科的学生,虽然长得并非特别漂亮,但有一对似蹙非蹙的眉毛,和一双常噙泪水的眼睛,风度不凡。她父亲年迈,特意拜托他的一位学生伍念秋陪伴沁珠同乘火车赴京上学,双方得以结识。到北京后,沁珠一度住在旅馆,念秋天天都来照应,交往日增。双方都感兴趣的是谈论"诗"的问题,有时也同游颐和园。念秋是一个小白脸,又擅长言辞,使沁珠洁白的处女心第一次镂上了对一个异性的印象。

有一次,两人同游西山碧云寺时,念秋陡然拉住了沁珠的手,明确示爱。但后来,念秋终于向沁珠坦白,他已经结过婚了,并且还有两个孩子。沁珠听后表面上显得若无其事,但内心受到了极大的伤害。念秋为此又为沁珠写了很多情诗,并表示愿意离婚。沁珠的朋友觉得念秋的做法不对,因为既然有妻子,为什么还要苦苦纠缠其他女性?沁珠却觉得念秋的做法并非不可原谅，因为"情感是个魔鬼，谁要是落到他的手里，谁便立刻成了他的俘虏"。但为了避免念秋夫妻不和，沁珠决心跳出这个感情漩涡。她退回了念秋整整三年寄给她的信和诗，明确表示希望像被风吹散到碧水之上的花朵，让这段友谊随波而逝。

沁珠跟念秋绝交之后，一度悲凉沉默。在一次山西同乡会上，沁珠又结识了一位英爽中含着温度，但谈吐又不失锋利的青年——即小说中的曹子卿。他们的交往使沁珠走出了情感的噩梦，治愈了受伤的灵魂。在一次郊游之后，沁珠得了猩红热，这是一种急性呼吸道传染病，多亏曹子卿全身心照顾，方得以康复。这也增进了彼此的感情。但造化弄人的是，子卿也是一位已婚男性。跟念秋不同的是，子卿的婚姻是似有实无。十七岁那年，子卿中学毕业，急于到外地深造，年迈的祖父却以立即成家作为他离家的唯一条件。最后子卿被迫跟一位素不相识的女子举行了婚礼。入洞房那一夜，子卿因抑郁而咳血。在婚后七八年中，他跟妻子相聚的时间最多不过四个月。而这四个月中，他又整整病了三个多月。所以，子卿决定跟包办的妻子正式离婚，跟沁珠结合，因为"神龛不曾打扫干净，如何能希冀神的降临"？！

关于子卿追求沁珠的情况，小说中除提到海誓山盟和一天一信之外，还有两个细节给读者留下了深刻印象。一个细节是：子卿给沁珠的信中夹了三张红叶，每张上都题了诗句。第一张写的是："红的叶，红的心，燃烧着我的爱情。"第二张题了一句旧词："愁肠已断无由醉，酒未到，先成泪。"第三张题写的是唐代王昌龄的《从军行》："琵琶起舞换新声，总是关山旧别情。撩乱边愁听不尽，高高秋月照长城。"另一个细节是：子卿从外地给沁珠寄来了一对纯白而雕饰细致的象牙戒指。子卿在给沁珠的信中写道："当然那东西在俗人看来，是绝比不上黄金绿玉的珍贵，不过我很爱它的纯白，爱它的坚固，正仿佛一个质朴的隐士，想来你一定也很喜欢它，所以现在敬送给你，愿它能日夜和你的手指相亲呢！"

子卿向沁珠示爱的同时，也坦陈了自己的政治选择。子卿说，他在结识沁珠两年前就正式参加革命工作了，并且是驻北平的重要干部。如今，根据组织安排，他立即要南下广州，因而被北洋政府的军警监视。临行的前一夜，子卿全身戎装，戴着假须，跟沁珠深情道别。他说，"我目下负着一种重大而急迫的使命，正是匈奴未灭何以家为"，希望离开之前沁珠在情感上能给他吃一颗定心丸。

沁珠对子卿的革命活动表示支持，回答说："那么现在你已经得到定心丸了，你可以去努力你的事业了。"然而，在婚姻问题上，沁珠的内心一直都在纠结，迟迟无法决断。她感到如果因为她破坏了别人的姻缘，她就会成为罪人。她本身就是个"不幸的生物"，更不能因自己的不幸再去影响另一个无辜而不幸的女人。她虔诚地希望子卿能因为革命工作而忘却其他的一切，从广州回来之后能变成另外一个人就好了。

子卿从南方回北平之后，有一天下午跟沁珠同游陶然亭公园，不知不觉走到了一座建筑美丽的石坟前，坟前有几张圆形的石凳。两人坐下后，子卿忽然说："这里是一个好地方，是一幅凄绝的画景，不但充塞着文人词客的气息，而且还埋葬了多少英魂和艳魄。"子卿希望他死后也埋在附近，并伤感地说："总有一天你要眼看我独葬荒丘。"沁珠顿时想起德国作家施托姆的爱情中篇小说《茵梦湖》里有一句名言："死时候呵！死时候，我只合独葬荒丘。"便安慰道："怎么，我们都还太年轻呢，那②里就谈得到身后的事。"没料到这番谈话，日后竟一语成谶。

子卿身体本来就羸弱，沁珠的纠结更使他抑郁，终于有一天病倒了，又吐血，开始住进了位于北京东交民巷的德国医院。病情加剧之后又转入了协和医院，不幸英年早逝。临终前他给沁珠留下了一封情书，还有一张四寸照片。照片后面题写的是："我的生命如火花之光明，如彗星之迅逝。"遗体的手上就戴着那只白如枯骨的象牙戒指。

子卿之死，使沁珠痛不欲生。她虽几度昏厥，但仍坚持替子卿料理后事，将子卿埋葬到陶然亭畔他原指定的那块地方，并在灵前敬献了一枝寒梅。沁珠在坟前祝祷道："请你恕我，我不能使你生时满意，然而在你死后，你却得了我整个的心；这颗心，是充满了忏悔和哀伤！唉，一个弱小而被命运拨弄的珠妹，而今而后，她只为纪念你而生存着了。"

子卿的葬礼之后，沁珠常去子卿那块刻着绿色字的白石碑前哭坟，痛惜他们数年间的冰雪情感到现在只博得饮恨千古。她面对子卿的石碑发誓："我誓将我的眼泪时时流湿你墓头的碧草，直到我不能来哭你的时候。"三年后，沁珠不幸病逝，在日记扉页上写下了"矛盾而生，矛盾而死"这句话。

众所周知，庐隐虽然是呼吸着五四时期的新鲜空气而成长起来的一位杰出女作家，但因为36岁即死于难产，她的脚步并没有随着大时代而大步跨越，因此，她对男女主人公的精神境界不可能有深入开掘，因而在作品中也未能充分展现。特别是子卿对沁珠精神成长的影响在这部小说中更为缺失。不过庐隐在作品中发挥了她作品中多自传性内容和多浪漫哀婉的风格的长处，相对完整地叙述了发生在上世纪二三十年代末期一个具有革命浪漫主义色彩的故事。

## 三、高君宇其人

高君宇（1896～1925），原名尚德，生于山西省静乐县峰岭底村（今属太原市娄烦县）。父亲高配天是老同盟会员，后经商；母亲是普通家庭妇女。高君宇七岁开始读书，二十岁考入北京大学理预科早班。如果说在1949年之前牺牲或去世的无产阶级革命家可以被称为中国共产党的先驱领袖的话，那高君宇就是名副其实的革命先驱。

早在1919年，23岁的高君宇就被推举为北京大学学生会负责人，成为五四爱国运动的学生领袖之一。1920年，高君宇参加了李大钊指导的北京大学马克思学说研究会，是该会英文组的负责人之一，并跟共产国际远东局局长维经斯基等举行了座谈。同年11月，北京社会主义青年团成立，高君宇当选为书记。同月，又加入了北京共产主义小组。1921年7月，中国共产党正式成立，高君宇成为中国共产党最早的党员之一，并于同年参与发起了马克思学说研究会。

1922年初，高君宇作为中国共产党代表团成员，赴莫斯科参加了远东各国共产党和民族革命团体第一次代表大会，被推选为执行委员。

同年 7 月，高君宇作为北京代表赴上海参加中国共产党第二次全国代表大会。同年 8 月，根据共产国际的建议，高君宇等以个人名义加入了孙中山领导的国民党，并协助孙中山推行新三民主义，改组国民党。1923 年 2 月，高君宇领导了京汉铁路总同盟罢工，成为著名的工人运动领袖，受到北洋军阀政府通缉。1924 年，高君宇担任中国共产党北京执行委员会委员兼秘书。同年 9 月赴广州，担任孙中山的秘书，因参加平定商团叛乱的战斗而负伤。同年 11 月，随孙中山北上，促成召开国民会议，抵制军阀段祺瑞的"善后会议"。1925 年，高君宇作为主席团成员出席了国民会议促成会第一次全国代表大会。同年 3 月 5 日，因急性盲肠炎逝世于北京协和医院，终年 29 岁。

作为一位中国早期的马克思主义者，高君宇关注国内国际问题，包括工人、商人、学生、妇女问题，编辑过党刊《向导》周报，并在该刊代替陈独秀回答读者的质疑，有很高的理论水平。但他对中国新民主主义革命面临的重要问题——农民问题深入研究不够，因此未能明晰展示中国革命的正确道路。但难能可贵的是，高君宇很早就正确指出了当时中国革命的对象一是封建军阀，二是帝国主义。他的政论不仅批判了封建军阀的倒行逆施，而且将矛头直指位于总统之位的黎元洪。由于各派系军阀背后都有帝国主义支持，所以他尖锐地批判了西方列强企图对中国实行"国际共同管理"的图谋，也反对一部分知识界人士醉心于英美政治体系。当一些知识界人士把世界和平的希望寄托于美国总统威尔逊时，他明确指出"反对帝国主义，美国亦在反对之列"[③]。

他认为，"人不可无主义，工人阶级更需要有政治理念"。但鉴于当时中国的产业工人还没有发展到可以在政坛上单打独斗的程度，高君宇一直坚持对外联合全世界无产阶级，对内吸收一切革命势力，通过武装斗争的道路夺取政权。因此，在协助孙中山改造国民党、制定新三民主义的过程中，高君宇鞠躬尽瘁，发挥了重要作用，直至积劳成疾，英年早逝。

中国革命的目的是什么？高君宇在 1924 年撰写的《怎样运用政权为人民谋幸福》一文中做出了科学的解答："革命基本问题是怎样善于运用政权为人民创造真正的幸福、物质平等与生活自由。夺取政权是第一步，正确发挥政权作用更为重要，善于运用政权主要是珍惜人民权利。我们革命不只是继往而着重开来，不择手段维持政权与运用权谋术数是革命的敌人。只有诚恳与永恒地为劳动群众，全面清除剥削与压迫，其他的任何形式独裁道路都走不得，如此才能免于堕落。否则彼此以诈伪相尚，革命便失去诚心，人民痛苦亦将原封不动。这样，以革命始必以反革命终，如此陈陈相因，实属出尔反尔，此与过去朝代更迭何异？何必多此一举？"④

笔者之所以全文照引高君宇的这篇文章，不仅是为了深入了解他的政治思想，而且是为了进一步了解中国革命第一代先驱者的"初心"。

## 四、才女石评梅

石评梅（1902～1928），乳名元珠，学名汝璧，字评梅，山西平定县（现划归阳泉市）人。父亲石铭，字鼎丞，是清末举人，历任教官；母亲李氏，是石铭的继室。兄名汝璜，系嫡母所生。1913年，石评梅入太原女子师范附属小学补习班，崭露出她的文学才华。1920年，石评梅毕业于太原女子师范学校，负笈抵京。不巧那年北京女子高等师范学校（后升格为女师大）不招收文科生，而评梅又不愿意学理科，遂考入体育系，想学成一门专业技能。评梅虽然多才多艺，擅画梅，能弹琴，会滑冰，但她还是以文学创作蜚声文坛。

石评梅是1923年夏秋之际离开女高师到北师附中任教的，而鲁迅正式到女高师授课是1923年10月13日，所以严格来说他们之间并无师生关系，但评梅对鲁迅非常尊重。据评梅的学生颜毓芳（一烟）回忆，评梅曾向她推荐鲁迅的作品，称鲁迅为中国"杰出的大文学家"⑤。评梅还向学生介绍，1924年1月17日鲁迅在北师附中校友会发表过《未有天才之前》的著名讲演，提倡一种"泥土精神"，因为天才的花朵要靠泥土培养，没有泥土，在水中只能浸泡出绿豆芽。

石评梅在参与编辑《妇女周刊》期间跟鲁迅也发生过联系。评梅在北京参与编辑过两种副刊：一种是《京报》副刊之三《妇女周刊》，另一种是《世界日报》副刊《蔷薇周刊》，都受到了鲁迅的关注。这两种副刊都是以蔷薇社的名义编辑的。实际上蔷薇社是一个没有组织形式的组织，发起人是北大女生欧阳兰，由她联络了一些女师大的毕业生和在校生作为骨干，其中就包括评梅和她的好友陆晶清。

《妇女周刊》于1924年12月10日创刊，至1925年12月19日共出了 50 期。主要撰稿人有 6 人，社外投稿者不到 20 人，发表文字57.5 万字。创刊不久就发生了欧阳兰的剽窃事件，搞得声名狼藉，只好由陆晶清接编。但陆编了一个月后父亲去世，回云南奔丧，于是由评梅接编了两三个月。1925 年 4 月 30 日，许广平在致鲁迅的信中谈到陆晶清走后，"恐怕纯阳性（按：指男性）的作品，要占据《妇女周刊》了（除波微一人）。""波微"是评梅的化名。在致焦菊隐的一封信中评梅曾说："波微是君宇在'二七'逃走时赠我的名字，因为我们都用假名的缘故……他喜欢 Bovia 这个名字 10 年了。"同年 5 月 3 日，鲁迅在复信中肯定了《妇女周刊》的文艺色彩，但认为它的不足之处是"评论很少，即偶有之，也不很好"（《两地书·十九》）。鲁迅认为，《妇女周刊》的作者队伍中吸纳男性（所谓"纯阳性"）"也不坏"。

1925 年底，鲁迅在《妇女周刊》的周年纪念特刊上发表了杂文《寡妇主义》（后收入杂文集《坟》），揭露女师大校长杨荫榆这种女性"自立之后，又转而凌虐还未自立的人，正如童养媳一做婆婆，也就像她的恶姑一样毒辣"，并指出杨荫榆推行的"寡妇主义教育"，只能使女青年失去朝气，像中了邪似的，变得萎缩、呆滞，失去青春的本来面目。这是教育界的一种危险倾向。评梅是鲁迅学生陆晶清、许广平的共同朋友，鲁迅给《妇女周刊》投稿，跟评梅会有直接或间接的关系。

评梅的名字在《鲁迅日记》中只出现过一次。1926 年 8 月 26 日下午 4 时 25 分，鲁迅与许广平乘火车南下。《鲁迅日记》所载的 14 个送行者中，就有评梅的名字。此后，评梅还写过一篇散文《社戏》，描写北伐成功之后家乡旷野戏台上演木偶戏的情景，题材和风格显然受到了鲁迅同名作品的影响。

1923年6月下旬，评梅从北京女子高等师范学校体育系毕业，经鲁迅挚友、女高师校长许寿裳推荐，师大附中校长林砺儒特聘评梅为该校女子部学级主任兼体育教员、国文教员。林校长选择教员的标准是"德行、技术、才干三项并重"，评梅的条件让他十分满意。除主要任职于附中女子部外，评梅还曾在春明公学担任义务教员，又短期兼任过公立第一女子中学和若瑟女子师范学校的教员。

石评梅在教学上，一是注重"德育"，二是注重"情育"。"德育"主要指品德教育。她的学生颜毓芳（笔名"颜一烟"）是当年师大附中的学生会主席，曾在"石评梅先生追悼会"上致哀悼词。颜毓芳回忆，石评梅当师大附中的女生部级主任时，第一课就是讲解孙中山的《总理遗嘱》，帮助学生了解"革命"二字的概念。她希望学生能有奉献精神："人活在世上总应该对别人有点用。不能做大事，就学蜡烛为别人发那么一点儿微光吧。"评梅还在课堂上讲黄花岗七十二烈士的事迹、三·一八惨案中烈士的事迹，乃至李大钊、赵世炎等革命先烈的事迹，让学生体会到"革命"并不是与己无关、遥不可及的事情。

"情育"主要指情感教育。石评梅十分爱她的学生。学校规定，学生一星期做一次作文，老师下一星期批改一次。但石评梅认为提高作文水平的主要途径是经常练习，便不辞辛苦，改半月一次作文为一周一次作文。评梅因单身一度住校，住校生下晚自习后常聚集在她的宿舍谈笑嬉闹，此时师生之情就转换为姐妹之情。无怪乎校长林砺儒说："她教学的方法，纯粹是感化的力量。"1928年春天，华北地区的运动会在北京清华大学举行。评梅担任教练的北师附中女子排球队荣获了亚军，冠军队是北平女子文理学院队。这是初中女生队跟大学女生队的比赛。能取得这种成绩，实可谓体坛奇迹。

关于评梅任职期间的表现，学校和学生两方做出了公正评价。校方认为，评梅任职的六年中，品学才干已如锥处囊中，其末立见。现在网络上流传一句讽刺语，说凡语文成绩不好的学生都是"体育老师"教出来的。但作为一位优秀的女作家，评梅还兼任《世界日报·蔷薇周刊》编辑，在国内文坛很负声誉。这就打破了对"体育老师"四肢发达、头脑简单的偏见。

对于学生而言，评梅既是严师又是朋友。1928年10月1日，北师大附中因评梅的去世而停课一日。女生全体整队前去协和医院送殡，男生各班也派代表参加，共二百人。学生上午十点多即从协和医院出发，直到下午一点将评梅的灵柩送到下斜街的长寿寺停灵。1928年10月1日，《世界日报》印行了一份《石评梅纪念特刊》，其中收入了"菊农"撰写的《学生的哭声》一文，说："入殓的那一天，她的二百多位学生都到医院去，有的放声痛哭，有的如痴如呆，有的饮泣，有的落泪。"这真实表达了师生之间的深情。10月13日下午，师大附中的师生又在学校操场召开评梅追悼会，参加者还有评梅兼课的若瑟女校和女一中的学生，共五百多人。在北京教育界，这种情况是罕见的。

## 五、爱情：前行的动力

在《石评梅略传》中，庐隐将石评梅的创作划分为三个时期。早期，代表作是"梅窠漫歌一类诗"，主要写学校与家庭生活，内容比较单薄，情感比较浮浅。"梅窠"是指石评梅在师大附中的单身宿舍。中期，以《心海》和《涛语》为代表。这一时期反映的生活比较充实，对人生的领悟比较深刻。不过由于理智和情感的冲突，情绪比较悲观，甚至赞美死，诅咒生。《涛语》是指评梅发表的一组散文，共八篇。后期，即1927年之后的创作，以《红鬃马》《匹马嘶风录》等小说为代表。作品由悲悯个人到悲悯众生，能居高临下看人生，洋溢着高昂的革命旋律。⑥评梅创作水平的提升，很大程度上取决于高君宇对她的革命影响。爱情，成为评梅前行的动力。

事实上，评梅是属于被五四运动狂飙唤醒的新一代。因为在太原女师响应在北京发生的五四爱国运动，评梅险些被校方开除。1920年考入北京女高师，她有幸亲聆了中国共产党的缔造者之一李大钊的教诲，选修过李大钊开设的《社会学》《女权运动史》等课程。1921年，她作为第一名女学员参加了北京大学马克思主义研究会活动。1922年，又跟随高君宇参加了"亢慕义斋"（即共产主义小组）的活动，地址就在马神院北大二院西斋。同年创作了以提倡婚姻自主、恋爱自由为主题的话剧《这是谁的罪？》，成为中国现代女权运动的先驱者之一。

婚姻生活是人类赖以繁衍生息的基础。所以，无论在任何时代，婚姻形态的形式和演变都反映出社会发展的水平。人类从自然的婚姻形态发展到社会的婚姻形态，既有共同性，也有不同国家的独特性。鲁迅在《热风·随感录四十》中提到中国人不知"爱情"为何物，这是的确的。就连作为固定词汇的"恋爱"二字，也是从外来语中引进的。中国从夏、商、西周三代时期开始，对乱婚（杂婚）生活的限制日益增多。春秋战国时代，以儒家思想为主导的伦理观念成了婚姻道德的核心。秦汉时期，中国妇女的地位每况愈下。到了宋朝，更产生了强化贞操观念的宋代理学。宋儒程颐在《近思录》中甚至提出了"然饿死事极小，失节事极大"这种野蛮戕害女性的观念。公元14世纪至17世纪的明王朝，更在法律层面制定了强化这种贞操观念的规定和条例。集镇上遍立贞节牌坊，"女子无才便是德"成为流行观念。到了清代，对妇女贞洁的要求达到了顶峰。直至太平天国运动和辛亥革命期间，这种传统的婚姻道德和婚姻形式才开始松动。至于包办婚姻的陋习，是随着私有制和"一夫一妻制"的确立而产生的，古今中外皆有之。由于违反了婚姻自由的原则，夫妻的结合失去了爱情的基础，导致了无数人间悲剧。

《这是谁的罪？》是评梅以婚恋为题材的唯一一篇戏剧作品，写于她跟高君宇结识之前。男女主人公王甫仁和陈冰华是一对被欧风美雨唤醒的现代青年，留学美国期间即私订终身。不料归国之后，王甫仁的父母却依据"父母之命，媒妁之言"的陋习，为他包办了一门亲事，让他娶表妹李素贞为妻，否则就将他视为"逆子"。陈冰华表面上默许了王甫仁跟表妹的结合，但在举办婚礼那天却毒死了新娘。待王甫仁跟陈冰华结婚那天，满怀负罪感的陈冰华也自杀殉情。用今天的欣赏水平来衡量，这个剧本的台词说教意味过浓，情节转化突兀。特别是评梅编写了一封陈冰华致王甫仁的绝命书，更无法在演出时大段宣读，因此更显这部中国早期话剧之作艺术上的稚气。这个剧本是应女高师学生游艺会之需在两个晚上写成的急就章，更使这个"问题剧"创作的仓促草率具有了必然性。不过，难能可贵的是，评梅一开始就是把家庭问题跟社会问题联系起来考察，指出如不"根本去推翻改造"旧制度，彻底改变"社会的黑暗、国家的萎弱"，婚姻问题就不能"正本清源"。然而，评梅当时观察中国的婚恋状况仅仅是以美国作为参照系，因此并不能指出妇女解放的明晰道路，主人公陈冰华也只能以这种先杀情敌而后自杀的方式来作为对专制家庭罪恶的反叛。

作为女性作者，评梅的同情倾向于在封建礼教桎梏下更无力挣扎的女性。在小说《弃妇》中，主人公"我"的表嫂结婚十年，俯仰随人，婚后独守了十年空房。待表哥大学毕业回乡之后，表哥向表嫂正式提出了离婚。因为表嫂"并未曾犯七出条例"，家人同情表嫂，而表嫂离婚回娘家之后，便服毒自杀了。表哥是一个反对旧式家庭，以社会解放和家庭解放为职志的人，但却对"这可怜旧式环境里的女子"体贴不够。这篇小说中的"表哥"应是以高君宇的亲身遭遇为素材。由此可证，评梅未能贸然接受高君宇的求婚，很大程度上是为高君宇娶的那位旧式女子着想。

在《石评梅全集》的"散文"类中，有一篇作品《董二嫂》。这篇作品其实也可以视为小说。作品中提出的问题，是反对至今未能彻底根除的家庭暴力问题。邻居董二嫂是一位挑夫的妻子，婆婆嗜赌，输了钱就跟儿媳要，要不到就挑唆儿子打儿媳，家里隔不了十几天就要闹一场，最后终于把董二嫂迫害至死，犹如无意中践踏了一只蚂蚁。评梅想通过这一见闻表达的是，"整天讲妇女问题、妇女解放"是空泛的。要实现这一目标，必须切实解决妇女——特别是下层妇女面临的具体问题。

评梅关于妇女问题的论述集中体现在《〈妇女周刊〉发刊词》和《致全国姊妹们的第二封信——请各地女同胞选举代表参加国民会议》这两篇文章。《妇女周刊》是随《京报》副刊发行的周刊之一，而《京报》副刊是民国初期四大副刊之一，影响极为广泛。《妇女周刊》的办报目的，旨在"粉碎偏枯的道德"，"脱弃礼教的束缚"，"发挥艺术的天才"，"拯救沉溺的弱者"，"创造未来的新生"，"介绍海外的消息"。评梅把这份刊物比喻为荆棘暗途中的星星光焰、黑暗破晓时黎明的曙辉。

1924 年 11 月下旬，高君宇抱病随孙中山从广州抵达北京，促成召开国民会议全国代表大会，以此抵制少数军阀幕后操控的"善后会议"。这是第一次国共合作期间掀起的一场全国性政治运动，倡导者正是中国共产党。在致全国姐妹的信中，评梅深刻指出，妇女运动的目的并不仅止于为女子造幸福，而是为人类求圆满，因为社会之轴必须由男女两性共同支撑。谋求妇女解放，必须做到男女教育平等，开辟女子职业生路，以谋精神自由、经济独立。要达到以上的要求，当然必须谋求社会制度的改革，所以评梅的主张比贵妇化的女子参政运动要高明许多。因为没有制度的变革，只求在议会中争几个女性的席位，那只是为旧制度增加几个摆设的花瓶而已。

1923年2月7日，京汉铁路工人大罢工，直系军阀吴佩孚在帝国主义支持下实施血腥镇压。高君宇就是这次大罢工的领导人之一。他在同年4月16日致评梅的信中写道："世界而使人有悲哀，这世界是要换过了；所以我就决心来担我应负改造世界的责任。这诚然是很大而烦难①的工作，然而不这样，悲哀是何时终了的呢……我很信换一个制度，青年们在现社会享受的悲哀是会免去的。"高君宇的言行对石评梅产生了明显的影响。同年4月28日，石评梅创作了长达九节的诗歌《罪恶之迹》。诗歌一反她早期诗作中缠绵悱恻的风格，愤怒控诉了"在黑沉沉的夜幕下"布满陷阱的人间，并把高君宇等先驱者比喻为"光明的使者"，表达了对他们从事的事业的爱慕和敬仰，并明确宣示：

为了创造新文化，

为了建设新国家，

为了警觉沉睡的同胞，

为了领导迷途的朋友，

我情愿伏在你的裙下，

求仁爱的上帝帮助你。

1925年4月1日，石评梅在《京报·妇女周刊》第16号发表了悼念高君宇的诗作《痛哭英雄》。诗中有一节写道：

我扬着你爱的红旗，

站在高峰上招展地唤你！

我采了你爱的玫瑰，

放在你心上温暖着救你！

可怜我焚炽的心臆呵！

希望你出去远征，

疑惑你有意躲避。

但陈列的死尸他又是谁？

人们都说那就是你！

　　据石评梅的挚友陆晶清回忆，这首诗中"我扬着你爱的红旗"一句，原文为"我接过你护爱的红旗"。朋友们担心这样直接的表白，会给评梅带来政治迫害。评梅既不愿意改变她的原意，又不愿辜负朋友的好心，就勉强将"接过"改为"扬着"。

　　1925 年 3 月 5 日，高君宇英年早逝。石评梅并非单纯地哭坟，而是撰写了一批诗文，决心继承高君宇的遗志。同年 3 月 20 日，她回忆起高君宇生前对她说的一句话："朋友，过去的确是过去了，我们在疲倦的路上，努力去创造未来罢⑧！"于是，她创作了一篇散文，题目就是《天辛》。文章表示高君宇的遗言增添了她生存的勇气，她不愿再做"蜷伏着呻吟的病人"，而愿当生命之海波涛汹涌之时，做一个"操持危急的舵工"。

1927 年 5 月，石评梅在《晨报副刊》连载了小说《红鬃马》。作品的主人公是一位辛亥革命的志士郝梦雄，因为骑着红鬃马率兵征服了山西各县的逆军，被擢升为旅长，后率部驻守雁门关。1913 年在反对袁世凯专制独裁的"二次革命"战役中，郝梦雄不幸死于现代军阀之手。作品中的"我"回乡省亲时凭吊了"革命烈士郝梦雄之墓"。原本遍尝人间酸甜苦辣之后心境抑郁、精神疲倦的"我"，胸头又燃起了"一种如焚的热情"。"我"在烈士陵前祷念道："梦雄，你安息吧，殡葬你一切光荣愿望、热烈情绪，在这山水深幽的深谷中吧。"这篇小说带有明显的自传性因素。小说中的郝梦雄虽然取材于山西平定蔡荣寿其人的经历，但在这个人物身上又概括了包括高君宇在内的革命者的品质特征。在创作《红鬃马》之前，评梅写过悼诗《断头台畔》，悼念被北洋军阀杀害的烈士；写过散文《深夜絮语》，悼念三·一八惨案中牺牲的烈士；在高君宇逝世两周年之际，还专门写过悼亡诗《祭献之词》。可证她在小说人物"郝梦雄"身上，寄托的是对革命的向往和对革命者的深情。

1927 年 12 月 18 日，评梅在《世界日报·蔷薇周刊》发表了小说《匹马嘶风录》。在特定意义上，这篇小说也可视为《红鬃马》的续篇。小说深刻揭露了军阀混战期间的中国现实："这是什么世界？想当初我父母和哥哥的惨死，也都是这些土匪兵害的。恶魔们为了争地盘闹意见，雇上这般豺狼不如的动物去蹂躏残害老百姓，把个中国弄得阴森惨淡连地狱都不如。"作品中的男主人公吴云生是一位革命者，从海外回国，四处寻找同志，预备组织一个团体，成为女主人公何雪樵的良友和严师，也成了她心中的一道彩虹之桥。这一经历，跟石评梅和高君宇的经历相似。小说中有一封吴云生致何雪樵的书信，其中写道："至于我，我当效忠于我的事业。我生命中是有两个世界的：一个世界是属于你的，愿把我的灵魂做你座下永禁的俘虏；另一个世界我不属于你，也不属于我自己，我只是历史使命中的一个走卒。"这其实就是高君宇致石评梅书信中的原话。然而，在第一次革命战争时期，吴云生却成了"绞台上的英魂"。小说中的女主人公何雪樵因家庭的不幸而痛不欲生，在吴云生的激励下，成为北伐军中的宣传队员和红十字会救护人员。她认识到革命军跟人民是一体的，是民众的慈航，所以愿意继承吴云生的遗志，跟他在精神上"鸾铃并骑，双枪杀敌"，给"惨死的云哥报仇"！这篇作品一反石评梅早期作品哀婉伤感的基调，奏响了高昂奋进的旋律。因此，这篇小说发表之后，石评梅受到了北洋当局暗探的盘查。

小说中还有一处，写到女主人公在船上遇到一位姓王的老人，古稀之年，有四十年经商的阅历："他很爱国，他愿看到有一日中国的旗插在香港的山巅上。"1997年，也就是石评梅这篇小说发表70周年之际，中国国旗终于在东方明珠的上空高扬。这对于小说作者和作品中的王先生而言无疑是一种深切的安慰。

## 六、结语

石评梅既然深爱高君宇，又深受高君宇的革命思想影响，为什么既没有跟高君宇结合，又没有从事实际革命斗争呢？

在《我的为了爱可以独身》一文中，评梅回答道："为了爱应该结婚……但因环境事实的压迫，独身仅不过是一种求不到爱的呼声，也许是在特种情形，抵抗侵入的一种办法。""处此新旧嬗替的现世，爱园里横生荆棘，竖隔铁壁，旧道德偏阻其所好，投其所恶。"在这种情况下，石评梅觉得爱固然伟大，"为了爱独身的更较伟大"——因为石评梅深怕因为满足自己的爱而伤害了封建包办婚姻下另一个无辜的女子。（1925年2月4日，《京报·妇女周刊》，署名"冰天"） 高君宇生前，石评梅并没有把整个心交给他。但高君宇死后，石评梅彻底断绝了她跟吴天放的友谊，愿意把她的心、她的爱情、她的青春，跟高君宇一同入葬。

至于投身于实际革命斗争，石评梅也有过这种想法，在高君宇去世之后更为坚定。她在日记中写道："我还是希望比较地有作为一点，不仅是文艺家，并且是社会革命家。"有一次，她行装都整理好了，决定要去南方参加革命，但被师大附中校长林砺儒劝阻。在1927年6月的一则日记中，石评梅写道："有老母在堂，我不忍远离，更不愿以不安定且危险之生活惊吓老母之心。我等母亲也走了，我再去海角天涯，投奔我的万里长程。"可见，"老母在堂"是她当时参加实际革命的唯一牵挂。

高君宇去世时，石评梅在挽词中曾泣血呼唤这位年轻的斗士：

只有明月吻着我的散发，

和你在时一样；

只有惠风吹着我的襟角，

和你在时一样。

红花枯萎，宝剑葬埋，

你的宇宙被马蹄儿踏碎。

只剩了这颗血泪淹浸的心，交付给谁？

只剩了这腔怨恨交织的琴，交付给谁？

石评梅去世时，其同乡友人、作家、翻译家李健吾在《悼评梅先生》一文中回顾了石评梅跟高君宇动人的爱情经历。文章写道："评梅先生遭遇了一个不是现代女子所应遭遇的命运：她自己是一位诗人，她的短短的一生，如诗人所咏，也只是首诗，一首充满了飘鸿的绝望的哀啼的佳章。我们看见她的笑颜、煦悦与仁慈，测不透那浮面下所深隐的幽恨；我们遥见孤鸿的飘渺⑨、高超与卓绝，却聆不见她声音以外的声音。"

是的，时光在流逝，观念在更新，当代青年对高君宇、石评梅时代的爱情可能会变得愈来愈生疏、愈来愈隔膜。但是，爱情双方需要忠诚，这是亘古不变的。爱情应该成为人生前行的强大动力，这应该也是亘古不变的。高君宇跟石评梅之间的感情，是战士跟诗人一致的产物，是革命加恋爱的产物。因此，北京陶然亭公园内的"高石青冢"，其意义就远远超越了"梁祝化蝶"，成为一段既凄美动人又寓于教育意义的爱情绝唱。

陈漱渝

2021 年 3 月

①"像"应为"相"。为便于读者理解，后文全部改正。②那（nǎ），旧同"哪"。后文中数次出现此种用法，为便于读者理解，统一改为"哪"。③参见高君宇：《在少年中国学会杭州年会上的发言》，载《高君宇文集》，人民出版社，2011 年 12 月出版，第 64 ～ 65 页。④参见高君宇：《怎样运用政权为人民谋幸福》，载《高君宇文集》，人民出版社，2011 年 12 月出版，第 194 页。⑤参见颜一烟：《回忆我的好老师石评梅》，载卫建民编选《魂归陶然亭——石评梅》，人民文学出版社，2002 年 1 月出版，第 54 ～ 69 页。⑥参见庐隐：《石评梅略传》，载卫建民编选《魂归陶然亭——石评梅》，人民文学出版社，2002 年 1 月出版，第 27 页。⑦现多用"繁难"，后文同上。⑧"罢"，旧同"吧"。后文同上。⑨现多用"缥缈"。

# 《第壹章》 高君宇书信

这一部分共收入现存的高君宇致石评梅的书信15封，还有1封高君宇写给岳父的信。

在这些信中，有诗词的交流、思想的开导，有深情的爱恋和牵挂，更有对恋人不肯给予明确答复的遗憾……高君宇既是才子又是革命者，石评梅是受过情伤的才女。在这些书信中，不仅有高君宇对石评梅的浓浓爱意，还可以看出他对革命事业忠贞不渝的信念。

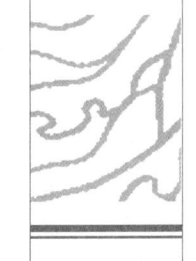

第 [1] 封 · 开导

（写于1923年4月16日）

评梅先生：

十五号的信接着了，送上的小册子①也接了吗？

来书嘱以后行踪随告②，俾相研究，当如命；唯先生谦以"自弃"自居，视我能责如救济③，恐我没有这大力量罢？我们常通信就是了！

"说不出的悲哀"，这恐是很普遍的重压在烦闷之青年的口（笔）下一句话罢！我曾告你我是没有过烦闷的，也常拿这话来告一切朋友，然而实际何尝是这样？只是我想着：世界而使人有悲哀，这世界是要换过了；所以我就决心来担我应负改造世界的责任了。这诚然是很大而烦难的工作，然而不这样，悲哀是何时终了的呢？我决心走我的路了，所以，对于过去的悲哀，只当着是他人的历史，没有什么迫切的感受了，有时忆起些烦闷的经过，随即努力将他们勉强忘去了。我很信换一个制度，青年们在现社会享受的悲哀足会免去的——虽然不能完全，所以我要我的意念和努力完全贯注在我要做的"改造"上去了。我不知你为何而起了悲哀，我们的交情还不至允许我来追问你这样，但我可断定你是现在世界桎梏下的呻吟呵！谁是要我们青年走他们烦闷之路的？——虚伪的社会罢！虚伪成了使我们悲哀的原因了，我们挨受的是他结下的苦果！我们忍着让着这样唉声叹气了去一生吗？还是积极地起来，粉碎这些桎梏呢？都是悲哀者，因悲哀而失望，便走了消极不抗拒的路了；被悲哀而激起，来担当破灭悲哀原因的事业，就成了奋斗的人了。——千里程途，就分判在这一点！评梅，你还是受制造化运命之神吗？还是诉诸你自己的"力"呢？

愿你自信：你是很有力的，一切的不满意将由你自己的力量破碎了！过渡的我们，很容易彷徨了，像失业者踯躅在道旁的无所归依了。但我们只是往前抢着走罢，我们抢上前去迎未来的文化罢！

好了，祝你抢前去迎未来的文化罢！

君宇，静庐

四，一九二三

---

①《向导》周报第 24 期。刊有高君宇的《北京通信》。②为避北洋军阀政府迫害，高君宇行踪不定。③指精神上的指引。

## 第 [2] 封 · 探讨

（写于1923年8月）

本来人与宇宙，感着的不见得说得出，说出的不见得写得出。口头与笔端所表示的，绝不是兴感的整个。就像我自己，跑遍了半个地球，国内东部各省都走过了①。山水之美虽都历历犹在目中，但是要以口或者笔形容他们，我总是做不出。有时我也找得最好的诗句，恨笔不在手底不能写出来，然而就是当时笔在手边又何尝写得出呢？好的诗句，是念不出的，更是写不出的。好的风景是画不出的，更是描不出。越是诗人，越多兴趣，越觉得描写技短，又何怪你觉你游过的景物不可写出呢？然而我总愿世人应得把他的才能志愿，将宇宙一切图画了出来。你不笑这是个永不能达的妄想吗？……

---

①高君宇到过北京、南京、上海、杭州等地。1922 年随中共代表团赴莫斯科，绕道柏林、巴黎归国。

第 [3] 封 • 解释

（写于1923年9月27日）

评梅：

昨天的信我接读了。

我之所以提及副刊引文①，并它招来的追问，原不过当一件消息报告，并不含丝毫怨怒你的意思，你为何跟从了俗尚的解释，要说那抱歉性质的话呢？我有好些事未尝亲口告人，但这些常有人代我公布了，我从未因这些生了不快；我所以微不释念的，只是他们故甚其辞，使真相与传言不免起了分别。就如我们的交情，说是不认识，固然不是事实，然若说成很熟识的朋友，则亦未免是勉强之言；若有人因知我们书信频繁，便当我们是有深了解的朋友，这种被揣度必然是女士不愿意的，那岂不是很不妥当的事，我不释念的就在此点。如你果是"一点也不染这些尘埃"，那我自然释念，我自己是不怕什么的。至于他们的追问，我都是笑的回答了的；原亦不过些演绎的揣度，我已将实情告诉，只说我们不过泛泛的朋友仅通信罢了。这样答法是否适当？至于他们问了些什么，很琐碎的，无须乎告你了。

我当时的感兴，或者是暂时的，原亦无告你的必要，不过我觉青年应是爽直的，忠实的话出之口头，要比粉饰的意思装在心里强得多。你坚壁深堑的声明，这是很需要的——尤其是在一个女性的本身；然而从此看出你太回避了一个心，误认它的声音是请求的，是希冀一种回应的了！如因这样一句话而使你起了慌恐的不安，那倒是一罪过，希望你告我，我当依你的意思，避开了一切。至于你问什么是新奇的感想，因你同时又说勿再讲及，这样，我亦觉得这过去刹那的火花，是否还留热种在否人间实一大疑问，亦求不提好了。

二十一号的信，我答应你详复的，现在已过数日，我想不需要了，可否许我不复它了？

祝你安健！

尚德

九月二十七日

这信请阅毕付火。

---

①指石评梅在《晨报副刊》发表的《模糊的余影——女高师第二组国内旅行团的游记》。

## 第 [4] 封 意见

（写于1923年10月3日）

评梅：

我最近的信①，你接了么②？

想来如焚的怅惘，我觉得你确对我生了意见了。假使是实在的，恐是可发笑的一事，因为我们都承认，我们仅不过是通信的朋友罢了！泛泛的交谊上，本是不值得令我们的心为了什么动气的，也是根本不能动气的。然而我感觉得生命应是平坦幸福而前进的，无论在哪一方面，要求到最大的效能与最小的阻力；所以我觉不论我们是如何程度的了解，一些不安的芥蒂都应当努力扫除，不使任何一个幸福披了轻视，不使任何一个心的部分感了不安。我现诚恳地请你指明，容我扫除了已经存在的不安。

又，我觉我当附尾提说一句，我所以要扫除"不安"，是解释的，不是要求什么。你鉴谅么？祝好！

宇

十月三日

①指 1923 年 9 月 27 日来信，原件存于山西博物院。
②"么"，旧同"吗"。后文同上。

第 [5] 封 • **平静**

（写于1923年X<sup>①</sup>月12日）

评梅先生：

今晚赴一会，经过了四小时很起劲的长辩之后，大家终于无决议地散了；归来一路不禁暗笑，觉众生理智大类聚蛆。及读君信，才使我心境得着了一些平静。

这平静是带着一种失散的茫然的回忆的，同时似乎比我鄙视的那种聚蛆的理智更可讪笑。

这是终究不当隐讳的，世上确有一个心祭献在宝座之前，但经神再三表示这种祭献是一种失敬之后，人间的虔诚早已收葬在冰雪之窟了。彼从来不知失悔为何物之心，为招致在对方心中之不安而失悔了；而且决定努力消除此种不安了。前信绿波②之及，全然是如此驱使，君书谓"因人之误会而误会"，我今日尚误会何为者？——愿君勿犹以为真有"使我恐怖者在"。请放心，我早不误会了！

我觉从前之平凡的情境，似较现在之隔膜为有生气的，我也觉人心的隔膜是应当打破的。但当了人世安于隔膜的时候，又何一定要回复那种平凡而有生气的情境？诅咒一切付于了解的努力好了！

我来与否原不必问君之"挡驾"与否，唯扰君清静则大可畏。关于诗的答信，尚须迟之异日。唯愿君清静，唯愿我过失一切话未在君心发生影响。

我近来性情也大变，易怒，喜独步；孤寂之言，不免开罪大雅，笑之可矣。

君宇

十二日早二时

①根据原信，无法确定月份。后文中也有这种情况。
②"绿波"，指天津《民意报》附刊《绿波》周刊。

第 [6] 封 · 揣测

（写于1923年10月15日）

评梅：

由仲一①信中函来之书，我接读数日了。当了你正是忙的时候，我频频以书信搅扰，且提出一些极不相干的问题要你回答，想来应当是歉疚至于无地的。

你所以至今不答我问，理由是在"忙"以外的，我自信很可这样断定。我们可不避讳地说，我是很了解我自己，也相当地了解你，我们中间是有一种愿望（旁注：什么话？你或者是这样——）。它的开始，是很平庸而不惹注意的，是起自很小的一个关纽，但它像怪魔的一般徘徊着已有三年了。这或者已是离开你记忆之领域的一事，就是同乡会后吧，

□□（你给）我的一信，那信具着的仅不过是通常□□（的询）问，但我感觉到的却是从来不曾发现的安怡。自是之后，我极不由己地便发生了一种要了解你的心。然而我却是常常担悬着，我是父亲系于铁锁下的，我是被诅咒为"女性之诱惑"的，要了解你或者就是一大不忠实。三年直到最近，我终于是这样提悬着！故于你几次悲观的信，只好压下了同情的安慰，徒索然无味地为理智的解劝；这种镇压在我心上是极勉强的，但我总觉不如此便是个罪恶。我所以仅通信而不来看你，也是畏惧这种愿望之显露。然而竟有极不检点的一次，这次竟将真心之幕的一角揭起了！在我们平凡的交情，那次信表现的仅可解释为一时心的罗曼，我亦随即言明已经消失，谁知那是久已在一个灵魂中孕育的产儿呢？我何以有这样弥久的愿望，像我们这样互知的浅鲜，连我自己亦百思不得其解。若说为了曾得过安慰，则那又是何等自私自利的动念？

理智是替我解释不了这样的缘故，但要了解的需求却相反地行事，像要剥夺了我一切自由般强横地压迫我。在这种烦闷而又躲闪的心情之下，我有时自不免神志纷纭，写（给）你的信有些古怪的地方；这又是不免使你厌烦或畏惧的。你所以不答那些，能不是为了这样吗？

但是，朋友！请放心，勿为了这些存心！不享受的供品，是世人不献之于神的；了解更是双方的，是一件了解则绝对，否则便整个无事。相信我，我是可移一切心与力专注于我所企望之事业的，假使世界断定现下的心是可无回应的。

我所以如是赤裸地大胆地写此信，同时也在为了一种被现在观念鄙视的辩护，愿你不生一些惊讶，不当它是故示一种希求，只当它是历史的一个真心之自承。不论它含蓄的是何种性质，我们要求宇宙承认它之存在与公表是应当的，是不当讪笑的，虽然它同时对于一个特别的心甚至于可鄙弃的程度。

祝你好罢，评梅！

君宇

十月十五日

勿烦琐地讲这些了，谈一件正事罢。

想他们已通知你，《平民》已定廿号复活

了。第一期请你做稿，你可有工夫吗？

又及。

①仲一，指王振翼，字壮飞，山西人。1919 年 8 月创办
《平民周刊》，1922 年被北洋政府查封。1923 年 10 月
20 日复刊，高君宇主编，约石评梅撰稿。

## 第[7]封 ·登稿

（写于1923年10月17日）

评梅：

寄《平民》的稿收到了，敬谢！

你的原稿，排列上似乎偏单，我大胆把它重新排列了；现录上请你一看。请你择定示知，登原稿呢，还是登第二稿呢？如用第二稿，还须你修改，因为我觉收句太重了，音节更勉强①。

祝好！

尚德敬白

十七日

请原谅我不客气。

烟雾迷漫，

波涛汹涌，

青年的舵工呵！

小心操着你的船儿，

驶向人类希望之岸。

---

①石评梅的原诗为："在烟雾迷漫，波涛汹涌的海上，青
年的勇毅舵工呵！小心操着你宝贵的孤舟。"

## 第 [8] 封 · 讪笑

（写于1923年12月14日）

可敬爱的朋友！

你的承受落空了！

你承受的是什么？是讪笑么？——是的，我讪笑了，而且很鄙视地讪笑了；但这是对于先生信的么，更是对于先生本身么？

这是很容易辨别的，我讪笑的只是我当时的心境，只是读了先生信后所得着的平静。我当时似风波统治了的心海，被来信转换成几千死寂的沉静，这种不舞的清境太落伍了，还仅只是可讪笑么？——仅只是个讪笑，已经是太自鉴谅了。

天外飞来的慌恐，想不到这种自责竟被先生误会了！——不但视我对来信不尊重，且对先生本身不尊重了。

再让我诚恳地说，可敬爱的朋友，你误会我的句意了。

但我们不必坚持一定要将此点判明罢！误会原与我们没有害处，像我们无须要了解的人们，误会了实在不成干系，而且就在这样误会之下，先生犹深谅我，"仍二十四分尊重你高尚人格"，我只该无语地感谢好了！

我的心不但人"不知"，我自己也不全了解；人不解海涛为何忽起忽灭，我更不解自然何故要这样多事。或者我们可以想：只是因那里有个心罢，只是因那里有个海罢！

或者因为海太深而宽了，故当了陆上风起的时候，巨波乃如山之起伏。朋友，海涛之起伏是神秘而不（可）了解的么？——了解那里有一个海是了。

因为有心，而且这心中有罗曼①舞蹈着，所以这心就不可了解了吗？

因为有海，而且这海中有巨涛起伏着，所以这海就不可测了吗？

可敬爱的朋友！

我主观的要求不是——

请你不误会我，而且了解我吗？

然而，这又是于己为罗曼，对人太失礼了。假使世上又出现了这样突峰，不是更可讪笑了吗？

朋友，假使我过去的话有使你不快的，或曾生了什么影响的，你只努力将它们忘了吧！——我绝不有什么痛苦。

忘了好了，评梅，评梅！

君宇

十二月十四日午后

——接来（信）后之一小时内。

---

①英文 romantic，汉译称浪漫。

## 第 [9] 封 · 移居

（写于1923年12月18日）

（此信原件无信前称呼与末尾署名）

纪念会忙了两天，把我疲极了。这种结束似于我极有补益，因为身被忙碌占去，神思再不得去专注一些绞思，陷入空洞无可依托的烦闷。已是好的一个经验，我们或者可以进一步说：烦闷的避免，就在人们不停的工作中呀！

原谅我未早通知你，我已移居四日了，移居后还未到过静庐一次，不知你有信寄到那边否？我新居是腊库十六号①，此虽不是二年前之故窝，但梅园时代之生活又不禁追忆起来，我们那时平凡又疏淡的通信，实具了一种天真而忠实的可爱。我很痛心，此种情境现被了隔膜了！

我们还可以回复到那种时代么？我愿！

十二月十八日

①北京景山东北侧的一条小胡同，原称蜡库胡同。

第 [10] 封 • 痛苦

（写于1923年12月23日）

评梅：

蒙你竭诚劝说，我当深深地为伊感谢。唯爱情胡可勉强者？——无爱情而勉强结合，是轻爱情而重伦道，且必增益伊之痛苦；我心今日固空洞无依，然觉此痛苦犹小于与一不爱之人相处；若设身处地，伊又何能不感如此？君亦何不为我设想者？

若谓此为残忍不人道，诚为人间一种极可抱憾之事。唯此当罪制度，问彼何为要干预人间结合；若责我，则我亦啮残下之牺牲者，又当向何处诉说？自然我也极对不起伊，唯其感觉如此，故常思解伊出我们之束缚，数月来更决念："若我心得回应者，伊我桎梏必须破除。"在我则觉如是方对得起伊，在君不将以之为更不人道耶？

吾们处此过渡时代，哪能不有痛苦？不使痛苦增加扩大，我们的能力恐怕就够做了；哪能使痛苦免除净尽呢！在今日"说不觉悟却又似明了，说觉悟却又不彻底"的思想进程之下，究还有几多人能安心于纯制度的生活，而不感觉性的关系之外还有爱情之需要？究能有几多人能放弃制度地位于不顾，而只以得到爱情生活为满足？评梅，陷入此两种痛苦者多矣，吾人虽欲救之，又胡能救之？

若君之劝说，在恐我将来又不免纠缠，故急切为自己摆脱，此则大可不必。我心中如何是一事，我要求与否又是一事，我前已讲得很明白，请放心好了！

我当为己计者少，为君计者多，近旧精神虽不振如极倦，知君已恢复平静无恐怖之情景，则不禁雀跃喜欣为君祝贺。

人生悲欢，梦里云烟耳，心衣血痕何妨洗却？吾心已为Venus①之利箭穿贯了，然我决不伏泣于此利箭，将努力去开辟一新生命。唯我两人所希望之新生命是否相同？我愿君告我君信所指之"新生命"之计划，许否？

我现在心中无烦念，更无痛苦，望勿以为念；但愿你无痛苦！

我们隔膜完全去了，世界平静了，人间公正之心应当笑了。

K. J.

十二月二十三日夜

写完信忽忆起一事，在我历史上乃有三个"梅"字，不妨写来博君一笑，即：梅——梅园——评梅。

温家夫妇南行，我亦或去送行。

①罗马神话中美的女神维纳斯，后成为美与爱的女神。

第 [11] 封 · 退婚

（写于1923年X月X日）

（原信缺首尾）

······

我泣而却礼衣，父①怒极而昏，我此时忽甚怜谅瘦父，念我胡不可牺牲，此念一萌，此后一切事殆都在梦境，任听他们摆布矣。婚后我大病，病渐痊，母②谓我曰："儿何为不满意者？汝妇殊美好也。"我至是始端视吾妇③，觉母言甚确，越日伊侍我病，乘间谓我无心与伊，伊故作不解；再言之，始曰："然则我将累君一生矣！"我曰："一生耶？——汝更苦耳！"伊至是泣曰："我命定耳，尤谁？"我彼时忽觉其人何以懦弱至于如是，乃不免顿生鄙视意，至此我两人间之了解乃完全隔绝矣。病痊，我托词移地静养，家人亦知我家居心情甚恶，许我外出，又谁知我从此一去不复归耶！我到省数函求父亲释放此可怜之女子，父答则谓我法适杀伊耳。我此后数次甚病，常觉如有桎梏附身，十九岁一年病咯血几死，决念我虽不认伊为余妻，然此生此心不与人矣。余抱此信心者数年，中经"五四"罗曼花盛开之时代，女友至好多人，且经二次结同心之邀，而徒以宿志在心，虽感激饮恨至于无地，亦皆不得不勉强示以铁面；不意此铁志至今日竟如粉之碎于君前也！

吾人虽通信三年④，事极平淡，相晤谈者仅只一面，而乃令我生如是热求，诚非天地间之奇事耶？在我发觉有是要求之初，每作烦想，觉种种烦恼常萦脑际，常自问伊亦如我心否？果伊亦如我心者，我将何以待伊？同时又念：我不将父母的桎梏除下，将宫庭打扫干净，又将何以迎伊？每每焦念，辄至心臆如焚。有时想得不可开交，又悔我不当有示君以心之信。有时感情制胜，却又觉甘心之祭献为何要埋葬不呈于座前？如此极端焦念，两相战斗：理智胜，则觉以我之身求君之相爱，实为一种莫大之罪戾；情感胜，则任罗曼之驰骋于花原草间，直至视到踏践自然而始悟。故有如君所谓"或远或近，若即若离"也。吁嗟夫，此岂得已耶？苟无如是束缚，我将只有两途，爱与死耳。

君信谓"从未一改昔日态度"，又谓"愿我自珍自爱的朋友，也绝不肯出此下策溺我于不义"，我虽罗曼至于何等天地，亦绝不至过不懂事理，使君不安，使君对于君所痛惜之历史有所辜负。望君相信，我遵从君之指示，不再以君所不愿者相强矣！

至于我心如何，我将作何处置，君可置之勿问。"将心寄托于其他"……之他字（下缺）

①父高配天，字子明，辛亥革命前曾加入同盟会，后经商。②母亲赵氏，农家女。③1914年底，由父母包办，高君宇跟山西静乐县神峪沟农民李存祥之女李寒心结婚。女方比高君宇大两岁。④此信可证明高石相识于1920年。长期通信，但此前仅晤谈过一次。

第 [12] 封 · **炽热**

（写于1924年1月X日）

评梅：

　　祭灶①之夜二时的信，我接着了。你读了我的信，于积恼舒展之中，忽不免"惨然泣……"，使我非常难过！事至于今，你当永远相信：我心灵虽不能自禁为君而焚烧，且将是永远赤炽的焚烧，但我总决不再为君所不愿之要求了；为了使你得着安慰，为了不妨害你对过去之忠实……（下缺）

---

①民间习俗。小年之夜祭灶王爷。

第 [13] 封 · 遗憾

（写于1924年9月22日）

评梅：

你中秋前一日<sup>①</sup>的信，我于上船<sup>②</sup>前一日接到。此信你说可以做我唯一知己的朋友。前于此的一信又说我们可以做以事业度过这一生的同志。你只会答复人家不需要的答复，你只会与人家订不需要的约束。

你明白地告诉我之后，我并不感到这消息的突兀，我只觉心中万分凄怆！我一边难过的是：世上只有吮血的人们是反对我们的，何以我唯一敬爱的人也不能同情于我们？我一边又替我自己难过，我已将一个心整个交给伊，何以事业上又不能使伊顺意？我是有两个世界的：一个世界一切都是属于你的，我是连灵魂都永禁的俘虏；在另一个世界里，我是不属于你，更不属于我自己，我只是历史使命的走卒。假使我要为自己打算，我可以去做禄蠹了，你不是也不希望我这样做吗？你不满意于我的事业，但却万分恳切地劝勉我努力此种事业；让我再不忆起你让步于吮血世界的结论，只悠久地钦佩你牺牲自己而鼓舞别人的义侠精神！

我何尝不知道：我是南北飘零，生活日在风波之中，我何忍使你同入此不安之状态。所以我决定：你的所愿，我将赴汤蹈火以求之；你的所不愿，我将赴汤蹈火以阻之。不能这样，我怎能说是爱你！从此我决心为我的事业奋斗，就这样飘零孤独度此一生。人生数十寒暑，死期忽忽即至，奚必坚执情感以为是。你不要以为对不起我，更不要为我伤心。

这些你都不要奇怪。我们是希望海上没有浪的，它应当平静如镜；可是我们又怎能使海上无浪？从此我已是傀儡生命了，为了你死，亦可以为了你生，你不能为了这样可傲慢一切的情形而愉快吗？我希望你从此愉快，但凡你能愉快，这世上是没有什么可使我悲哀了！

写到这里，我望望海水，海水是那样平静。好吧，我们互相遵守这些，去建筑一个富丽辉煌的生命，不管他生也好，死也好。

---

①指 1924 年 9 月 12 日。②高君宇从上海乘海轮去广州，担任孙中山的秘书。

## 第 [14] 封 ● 戒指

（写于1924年11月）

我虽无力使海上无浪，但是经你正式决定了我们命运之后，我很相信这波涛山立狂风统治了的心海，总有一天风平浪静，不管这是在千百年后，或者就是这握笔的即刻；我们只有候平静来临、死寂来临，假如这是我们所希望的。容易丢去了的，便是兢兢然恋守着的；愿我们的友谊也和双手一样，可以紧紧握着的，也可以轻轻放开。宇宙作如斯观，我们便毫无痛苦，且可与宇宙同在。

双十节商团袭击①，我手曾受微伤。不知是幸呢还是不幸，流弹洞穿了汽车的玻璃，而我能坐在车里不死！这里我还留着几块碎玻璃，见你时赠你做个纪念。昨

天我忽然很早起来跑到店里购了两个象牙戒
指；一个大点的我自己戴在手上，一个小的我
寄给你，愿你承受了它。或许你不忍吧！再令
它如红叶一样的命运。愿我们用"白"来纪念
这枯骨般死静的生命。……

---

①商团成立于 1912 年，原是广州商人成立的自卫组织，后
被英国殖民主义者操控。1924 年 10 月 10 日，广州民众庆
祝"双十节"，商团发动叛乱，开枪打死打伤数十人。10
月 14 日，孙中山在中国共产党的支持下平定叛乱。

第 [15] 封 · 游园

（写于1925年1月29日）

珠！昨天是我们去游陶然亭的日子，也是我们历史上值得纪念的日子。我们的历史一半写于荒斋，一半写于医院，我希望将来便完成在这里。珠！你不要忘记了我的嘱托，并将一切经过永远记在心里。

我写在城根雪地上的字，你问我："毁掉吗？"随即提足准备去踏；我笑着但是十分勉强地说："踏去吧！"虽然你并未曾真的将它踏掉，或者永远不会有人去把它踏掉；可是在你问我之后，我觉着我写的那"心珠"好像正开着的鲜花，忽然从枝头落在地上，而且马上便萎化了！我似乎亲眼看见那两个字于一分钟内，由活体立变成僵尸；当时由不得感到自己命运的悲惨，并有了一种送亡的心绪！所以到后来橘瓣落地，我利其一双成对，故用手杖掘了一个小坑埋入地下，笑说："埋葬了我们吧！"我当时实在是祷告埋葬了我那种悼亡的悲绪。我愿我不再那样易感，那种悲绪的确是已像橘瓣一样地埋葬了。

我从来信我是顶不成的，可是昨天发现有时你比我还不成。当我们过了葛母墓地往南走的时候，我发觉你有一种悲哀感触，或者因为我当时那些话说得令人太伤心了！唉！想起了，"我只合独葬荒丘"的话来，我不由得低着头叹了一口气。你似乎注意全移到我身上来笑着唤："回来吧！"我转眼看你，适才的悲绪已完全消失了。就是这些不知不觉的转移，好像天幕之一角，偶然为急风吹起，使我得以窥见我的宇宙的隐秘，我的心意显着有些醉了。后来吃饭时候，我不过轻微地咳嗽了两下，你就那么着急起来；珠！你知道这些成就得一个世界是怎样伟大么？你知道这些更使一个心贴伏在爱之渊底吗？

在南下洼我持着线球，你织着绳衣，我们一边走一边说话，太阳加倍放些温热送回我们；我们都感谢那样好的天气，是特为我们出游布置的。吃饭前有一个时候，你低下头织衣，我斜枕着手静静地望着你。那时候我脑际萦绕着一种绮思，我想和你说；但后来你抬起头来看了看我，我没有说什么，只拉着你的手腕紧紧握了一下。这些情形和苏伊士梦境归来一样，我永永远远不忘它们。

命运是我们手中的泥，我们将它团成什么样子，它就得成什么样子；别人不会给我们命运，更不要相信空牌位子前竹签洞①中瞎碰出来的黄纸条儿。

我病现已算好，哪能会死呢！你不要常那样想。

①"洞"应为"筒"。

第 [16] 封 · **离婚**

（这封是高君宇为解决包办婚姻问题给岳父李存祥的信。）

岳父老先生：

我此次决定离婚，业已向令爱言明，想令爱于见时必将此事陈明矣。我之所以有如是决定，自信为我自己设想者少，为令爱设想者实多；盖我自与令爱结婚至今，始终觉吾二人不能相合，且我久为在外奔驰之人，如是情境，实不啻堕我两人入愁城苦雨之中。然我乃四方远游之人，若果以异乡为家，随在何不可得新妇以为终身之侣？所苦者唯清窗独守之令爱耳！若使常类吾家佣役，厮养以终天年，令爱亦人耳，于人道之谓何？我唯为令爱终身计，为人道计，故毅然决定与令爱离婚，今且特正式向长者提出也。我辜负令爱十年①，几误尽其青春岁月，我不（愿）更蹉跎下去，致使异日更增加今日之追悔，故愿亟觅解决之道，且以为最适当莫过于离婚再嫁；长者岂亦以令爱与我之情境为满足，而一未计及令爱将来之了局乎？此事自不免为乡俗所非议，然使令爱坑葬一生佳乎，抑另开一新生命之为愈耶？愿长者为令爱深较其利害得失也！此番归家，本拟登府请安，唯迫于时间短促，未能如愿，今且以事成行矣，未及向长者亲将此事言明，思之良久歉然！唯可藉②寸楮以告长者，即我已坚决决定与令爱离婚，迟疑无须，愿长者察之也。

敬祝康健！

高尚德上

十三年六月二十四日

---

① 1924年5月，高君宇受李大钊同志委托回山西进行建党活动，特意回家解除包办婚姻的婚约。这封给岳父李存祥的信就是为此而写。处理婚姻之事刚完，由于阎锡山追捕，高君宇乔装打扮，在铁路工人的掩护下迅即转赴上海、广州等地进行革命活动。②"藉"同"借"，后文同上。

# 《第贰章》 石评梅书简

此部分收入石评梅给几位友人的信。在这些信中，她谈到了跟高君宇交往的一些细节。

1923年秋天，石评梅接到了高君宇的红叶表白："满山秋色关不住，一片红叶寄相思。"

饱受情伤的石评梅此时婉拒了他："枯萎的花篮不敢承受这鲜红的叶儿。"她只接受跟他保持冰雪友情。

他生前，她不能理解他对自己的爱情；他死后，她终于明白了他的爱。此后余生，她都活在悔恨中。临终前，她许下心愿："生前未能相依共生，愿死后得并葬荒丘。"

致李惠年

第[1]封 •咯血

（1924年12月20日）

惠①：

昨日我舅父②由故乡来，敝友③在德院④咯血未止。神志惶乱嚣烦中，常忆及汝病；我脑欲碎，不能作何语慰汝，唯祈在此数日中静养，再见我时活跃如平日，即我心安矣！

昨今两日，神经受刺激太甚，我只祈我如活尸耳。

惠：汝幸勿念我！

Bovia

1924 年 12 月 20 日夜 12 时

---

①李惠年，北京师大附中的女教员，石评梅之友。②指李世美，在北京崇文门外草厂九条的山西省银行任职，是石评梅在京的唯一亲属。③指高君宇。④位于北京东交民巷的德国医院，1905 年正式营业。

第 [2] 封 · **后事**

（约为1925年4月9日）

这封信找到了，一并寄你。

惠年：

好吗？我自寒食①那天一直到今天，天天都去陶然亭一趟。如今完了，宇墓上的事我都办好了，只有刊印他的遗书了，现在我正在抄录呢！

许久我们未见了，计算还不到十天哩。下星期一附中或可上课。你一定很忙吧！再次见我时我把小严的相②给你看。

不要累坏了你千金体！

梅姊

四月九号

①寒食节也称"禁烟节"、冷节，在清明节前一二日。后与清明节合并，是祭拜扫墓的日子。当时高君宇灵柩尚寄放在北京法华寺，石评梅去陶然亭为高整理墓地，同年5月5日安葬。②"相"即"相片"，后文同上。

第 [3] 封 ● 回家

（约1925年秋）

惠妹：

我已安卧在母亲的怀里了①。在母亲莫名其妙的时候，我曾痛哭了一场，从此后我很高兴！我觉着为了母亲我值得在这人间逗留着。

兄嫂相继得病，故心很杂乱。父亲知我心中不痛快，几次约我游山，过几天或可实现罢！有暇我一个人躲在楼上写文章，和去年一样，只缺少了一位隔一天有一封挂号信的宇。父亲告诉我他还瞒着宇父，但是太原开追悼会时，父亲去了还滴了几点老泪！他这种悲感，一半为了我，一半为了他。母亲还不知道，至如今也不知道。到太原一下车，宇的妹妹②就来看我，我很凄然地和她说了几句话，送了她一张宇坟和我的相。连日梦见宇，他怪我不写信给他。你信收到，你生活有秩序殊慰，更愿你保重身体。

梅

十三之夜

---

① 1925 年 7 月 5 日，石评梅从北京回故乡度假。② 1925 年 7 月 6 日，石评梅乘火车抵达太原，见到了高君宇的四妹高志娴。

第 [4] 封 · **探望**

（1925年8月15日）

惠妹：

从此畅谈更卜何日？

连日繁忙欲死，一踏入北京如热锅蚂蚁，可笑亦可怜。米斯王姐姐由南洋归来，卧病东城。我连日去看，路经东交民巷，一路惊心触目，幸死寂如青灯古佛，尚可用慧帚一扫魔氛，但何尝不是自骗自呢！我笑既不能，而哭亦无泪矣。

十三号下午看宇莹①，莹前积水二尺余，幸高原未淹，不然我将何以对他，坚持葬此者纯我一人之意。自知京水大我心不安，日夕难寐，幸苍天厚我，感谢玄如呢！

你家居自易寂寞，开学后新校新境当有无穷快乐，愿你待之勿急。惠妹，我境如何我不忍告你，从此学校一般如荒茔，但遗迹旧梦亦堪做我静坐默想的资料。我终应感激你赐我之惠。

小鹿②来无期，不幸将成永诀，言之伤心，思之扙泪；梅命亦何蹇耶？惠妹，我现在虽不言我痛苦，但我之心汝亦当知之，夫复何言哉。

祝你晚安！

梅

八月十五号

---

①指高君宇墓。②石评梅在女高师的朋友陆晶清（1907～1993），原名陆秀珍，女作家。

第 [5] 封 • 祭扫

（1926年2月25日）

惠妹：

谢谢你挂念着我心跳！好了，即（使）不好，又有什么要紧呢！惠！你放心好了。至于我心头的悲戚，这岂是医药能奏效的吗？在沙漠上的枯鱼，任你浸在圣水里也不能复活。

三月五号（正月二十一日）是我埋心周年纪念日①，我已和小鹿商议好在那天请许多我和辛的好友，去陶然亭玩。预备大瓶酒大块肉去野餐，愿祭扫的人们都在这苦酒中醺醉。因为能了解悲哀的人，才是真了解人生。在这个悲惨默默的荒郊外，参观这个最后一幕的舞台，虽然是别人的故事，然而又何尝不是自己。

我极愿节制悲痛，能悄悄地淡淡地掩映在

那个荒漠的坟地里；留着眼泪在枕畔流去！

这是不容易的机会，姐姐也在，小鹿和小钟、小徐都在，明年这时候，死别的固然不盼着，然而生离是一定的。找这个聚会又难了，况且假使莫②有我，谁还能记起荒郊外，新碑如玉、孤坟如斗的朋友？因之，小鹿说，那天照一张永远可纪念的相。

我自己自然盼着年年现在如昔日！

你——我不敢、不愿让你参加这个悲宴，不过我不能、不敢不告诉你，自然你可以相信，我是很爱你的。为了这个动念，我应该告诉你，而且万一之中还希望着你能看看我埋心的地方，并尝尝这杯苦酒的滋味！

你对我，应该来。我不为自己，为你想，我愿你不来！而且你也不能来；所以最后你还是不要来。

我的相今天已去照了，照了来如好时，我准送你。你的去洗了吗？我心又跳了，这笔不往下写了。

梅姊

二月二十五号夜深时候

---

① 1926 年 3 月 5 日是高君宇逝世周年纪念日。"埋心"即"埋在心里"。②"莫"应为"没"，后文同上。

第 [6] 封 · **悲诗**

（约1926年春）

惠妹：

　　那天匆匆，话多极了，不知说什么好！但又何尝有可以说的话呢！你推门一看我那种神情，也可以知道近来我的悲哀和伤心！然而你只看出了我的恬淡冷静！我为什么要变成这样呢！是环境逼我使然。

　　那天归来我异常伤心！我为了我这死的生活流泪！假如你想到我目下的生活枯寂时，你当也能知道我失掉慰藉的痛苦！惠，你走了！你有幸福的家，我远离开母亲，死亡好友，离散知己的漂泊弃儿有谁见怜呢！弟弟给我照了两张相，表情还好！这是我生命的象征；倚碑那个，是我目下的也是永久的归宿；那张孤立湖畔、顾影自伤的，便是我此后天长地久的生活了！

乃贤说我和宇的事是一首极美的诗，而这首极美的诗我是由理想实现了！我很喜欢！谁有我这样伟大，能做这样比但丁《神曲》①还要凄艳的诗！我是很自豪呢！虽然这样牺牲又谁能办到呢？办不到故不能成其伟大，何能成这样美的诗哩！

小鹿来了！我似乎要高兴点！她第一句话就问"惠"！可见她的心了，而惠之印入人心深也可知了！

这两张相你珍藏着，不能珍藏时，不妨烧了；不要留落到别人手里。我祝你好！

梅姊

①意大利诗人但丁（1265～1321）的长诗，别名《神圣的喜剧》，分为《地狱》《炼狱》《天堂》三部。

致陆晶清

第 [1] 封 · **梦境**

（约写于1925年3月4日）

晶清：

这封信你看了不只是不替我陪泪，或者还代我微笑？这简直是灰色人生中的一枝蔷薇。昨天晚上我由女高师回到梅窠①的时候，闪闪的繁星，皎皎的明月，照着我这舒愉的笑靥；清馨的惠风，拂散了我鬓边的短发，我闭目宁神地坐在车上默想。

玉钗轻敲着心弦，警悟的曲儿也自然流露于音外，是应该疑而诅咒的。在我的心灯罩下，居然扑满了愉快的飞蛾。进了温暖的梅窠后，闹市的喧哗，已渐渐变成幽雅的清调了。我最相信在痛苦的人生里，所感到的满足和愉快是真实；只有这灵敏的空想，空想的机上织出各样的梦境，能诱惑人到奇异的环帷之下。这里有四季不断的花木，有温和如春的天气，有古碧清明的天河，有光霞灿烂的虹桥，有神女有天使。这梦境的沿途，铺满了极飘浮的白云，梦的幕后有很不可解的黑影，常常狞笑地伏着。人生的慰藉就是空想，一切的不如意不了解，都可以用一层薄幕去遮蔽。这层薄幕，我们可以说是梦，末一次，就是很觉悟的死！

死临到快枯腐的身体时，凡是一切都沉静寂寞，对于满意快乐是撒手而去，对于遗憾苦痛也归消灭。这时一无所有地静卧在冷冰的睡毡上，一切都含笑地拒绝了！

玄想吗？我将对于灰色的人生，一意去找我自心的快乐，因为在我们这狭小的范围，表现自己是最倏忽飘浮的一瞥；同时在空间的占领，更微小到不可形容；所以我相信祝福与诅咒都是庸人自扰的事。

晶清，你又要讪笑我是虚伪了！但我这时觉得这宇宙是很神秘。我想，世间最古的是最高而虚玄的天，最多情而能安慰万物的是那清莹的月，最光明而照耀一切的是那火球似的太阳！其余就是这生灭倏忽、苦乐无常的人类。

附带告你一件你爱听的故事，天辛②昨天来封信，他这样说："宇宙中我原知道并莫有与我预备下什么，我又有什么系恋呵——在这人间，海的波浪常荡着心的波浪，纵然我伏在神座前怎样祝祷，但上帝所赐给我的——仅仅是她能赐给我的。世间假若是空虚的，我也希望静沉沉常保持着空寂。"

"朋友，人是不能克服自己的，至少是不能驾驭自我的情感；情感在花草中狂骋怒驰的时候，理智是镇囚在不可为力的铁链下，所以我相信用了机械和暴力剥夺了的希望，是比利刃剥出心肺还残忍些！不过朋友！这残忍是你赐给我的，我情愿毁灭了宇宙，接受你所赐给我的！"

听听这迷惘的人们，辗转在生轮下，有多么可怜？同时又是多么可笑?！我忍着笑，写了封很"幽默"的信复他：

"我唯恐怕我的苦衷、我的隐恨，不能像一朵蔷薇似的展在你的心里，或者像一支红烛照耀着这晦暗而恐怖的深夜，确是应当深虑的。我猛然间用生疏的笛子，吹出你不能相谅的哀调呵！

"沙漠的旅程中，矗立着个白玉女神的美型。虽然她是默默地毫无知觉，但在倦旅的人们，在干燥枯寂的环境中，确能安慰许多惆怅而失望的旅客，使她的心中依稀似的充满了甘露般的玫瑰？

"我很愿意，替你拿了手杖和行囊，送你登上那漂泊的船儿，祝祷着和那恶潮怒浪搏战的胜利！当你渡到了彼岸，把光明的旗帜飘在塔尖，把美丽的花片，满洒了人间的时候，朋友呵！那时我或者赠你一柄霜雪般的宝剑，献到你的马前！

"朋友，这是我虔诚希望你的，也是我范围内所酬谢你的。请原谅了我！让我能在毒蟒环绕中逃逸，在铁链下毁断了上帝所赐给人的圆环。"

晶清，你或者又为了他起同情责备我了。不过评梅当然是评梅，评梅既然心灵想着"超"，或者上帝所赐给评梅的也是"超"？但是这话是你所窃笑绝不以为然的。

近来心情很倦，像夕阳照着蔷薇一样似的又醉又懒！你能复我这封生机活泼的信吗？在盼！

评梅

①指石评梅在北京女师大附中的单身宿舍。②指高君宇。石评梅在给陆晶清的信中大段引用了她跟高君宇的情书。高君宇原信今佚。此信发表于《华严周刊》1929年1月出版的创刊号。

致焦菊隐

## 第 [1] 封 · 哭墓①

（约写于1926年3月）

真对不起你，你又病了么？我真后悔，不应该让你们替我受这许多罪，像中毒一样，喝那样迎风洒泪的苦酒！

我真对你们不住，你让我怎样忏悔呢？你在学校，我也不便去看你，真该万死。我更不该使你看见我在坟头哭，和那背景的凄凉。我当局者倒觉高兴，而旁观者早已酸鼻了！我那天本想不哭，当我同小张由陶然亭回来，看见你们一堆人围着碑低了头默立时，我才恍然知道那黄土下是君宇。我忍不住只好呜咽！后来想起有你们在，其便不哭了。我心里很麻木，大概我感觉或者比你们浅，因为我在这环境里待久了的缘故。

放心！朋友！我会珍重！这几天除了憔悴

外，除了夜哭外，除了吃不下东西外，一切都如常时高兴！放心！朋友！

你快养病，不要想心思！同时更不要为我难受。我是很高兴的，因为有天辛伟大的爱包围着我，不要为了他死便可怜我。

相片今天寄去，权作问病的使者。这是生日照的；新近照的一个，不合我的理想，虽然照得好，我也不喜欢！

这个相很冷静，很超脱，不带烟火气，故寄给你，这比较可以代表几分真评梅。陆续再寄你我喜欢的纸上的评梅罢！

今天一群人来看我，看见我这副嘴脸，都气得噘着嘴，硬要拖我逛公园，我便同她们走了一遭，然而足底下践踏的都是遗迹和泪痕！哪里有真的乐趣在呢？

好好养病，不然你令我永不能释念，因为是我给你的酒病。更令我对不起高年的伯父大人的娇子！

---

①焦菊隐（1905～1975），散文家、翻译家、著名导演和戏剧理论家，天津人。在北京二中任职时跟石评梅结识。当时住在北京东城北河沿震东公寓。焦称石为"梅姐"，石称焦为"菊弟"。此信有石评梅哭高君宇墓的情节。

第 [2] 封 · 悲哀

菊隐：

长信读后我很悲哀！我固然应该感激许多朋友们的体谅我安慰我，不过常常反为了得到安慰而难受！我自己骗自己有三个多月了，我想钻头去寻快乐，愿刹那的快乐迷惑住我，使我的思潮停止波激，那危险的波激！如今，又清醒过来，觉得这样骗法无聊更甚。这样骗法，令我感到的悲哀更深！我错了，我不应该骗自己。

三月五号，正月廿一日，是宇①的周年了，我不知应该怎样纪念他！我不知什么能够表出我心里这更深更痛的悲哀。在这一年里，风是这样怒号，灯光是这样黯淡，夜是这样深深，做甜蜜梦的人已快醒来，我呢，尚枯自低首坐在这灰烬快熄的炉畔想着：想我糜烂的身世，想我惨淡的人生，想我晦暗的前途！

这两三天里，我原旧恢复了往日的心境，我

愿用悲哀淹没了我的生命和灵魂！菊隐，我很不愿令你为了我的悲哀而稍有不快，故常破涕为笑地写信给你，希望你不要想到这春风传来的消息里，有我的涕痕和泣声！

今天渐不好，睡了一天，心绪乱极了！给父亲写了一封长信，他们看见一定得哭！我本想骗他们，哪知一拿笔除了牢骚，实在写不出一句快活话。

我常觉到世界上莫有人，因为我连可以说话的人都找不到。

咳，梦太长了！

我不应该将这些话写给你，我不应该将我朽木的心理示给你，我忏悔了。朋友，你好好念书吧，不要理我。这封信本想不寄，但又想还是寄给你好，因之你又看到这不幸的墨痕。

①指高君宇。

## 第 [3] 封 · 敷衍

莫有醉。今天既无陪客，又无小鹿，虽不敢局促然而已是极敷衍了。敷衍本来可以不必来，但是一怕你生气，二怕你怪失约，因此逼成敷衍。为什么呢？我告诉你。

你不是听我说心跳么？在去大陆春前一点钟，在一个朋友处，逢见君宇一位女友，她新从美国回来。偶然问到君宇的事，可她一点都不知道，是我又把悲惨的故事重说一遍，说完了就来到大陆春。这和志新在柳园请我们一样令我难堪，我是送葬归来吃酒的。说起来这是值得记忆的，我是埋心埋宇那天，见着三年的朋友。

咳！说起来谁信！我这今年的寒假，是我最伤心不堪回首的，然而我只消磨她在梦中，这梦是什么呢？便是浅浅的笑靥和低低的语声，在这些不能不令我不悲哀，然而能令我暂时无暇。悲哀的许多朋友的感情，不过只是一刹那，一刹那；一刹那过后的悲哀是更深更痛更伤心。这更深更痛更伤心的，便是另一世界，是那万籁人静后伏枕呜咽的时候，是憔悴悲惨的梅，不是那灯光酒筵前的梅。

为了说明心跳！写了一大篇牢骚，原谅我扰乱你天真而正在尝着甜味的心境，横心袭来这一阵哀音和酸意！

大概这是最令人难堪的罢！

君宇埋的那天，我去吃酒。重叙他历史给他的朋友后，我又逢吃酒。能不心跳，焉能不敷衍。朋友你当可原谅我。

然而，我是领了你的盛情的。

你今天不舒服，不知回去怎样？不要看书，不要吃酒，不要赌，不要沉思，大概会快好。

"波微"，是君宇在"二七"①逃走时赠我的名字，因为我们都用假名的缘故。在我们通信中，找不见评梅、君宇的，都是些临时写的。他喜欢Bovia这个字十年了，然而在我身上找到她却仅仅一年。不过也可以说是永久不朽的。今天你在筵席前问到我，我自然不能隐瞒你，不过我承认了，又受不住一些不冷不热的讽声，令我想到"波微"也难过。

哪一次不是杯盘狼藉，人散后只有月如钩斜。不堪想，我们的梦太长了，在这一次一次盛筵散后我觉着。

六年了，在北京。别的成绩是莫有，只有些箭射箭穿的洞伤在心上。许多模糊的余影隐埋着，在夜深归来，只有我只影是知道我的。

然而，梦呢，太长了！

今天一位女友，对我说许多话。她劝我不要去陶然亭，不要穿黑衣服，我表面只笑笑，但是心里我真恨她。

不过我是现在确乎变了，我是刹那的享乐主义者。能笑时，有机会笑总不哭！不过我这是变态，过几天大概又变了也未可知。

这并不是醉话，我莫有醉。

（寄焦菊隐此信见《华严月刊》第一卷第二期。）

---

① 指高君宇1923年领导了京汉铁路工人"二七大罢工"。

致袁君珊①

## 第 [1] 封 ● 庐隐

不知为什么，今天我一进门看见清和你都那样高兴，所以我也喜欢了！本来计划是要一个人去陶然亭痛哭一场的。

我自然感谢庐隐。我想作一篇文章回答她，不过，现在是写不出，你想我哪能写出？等几天，我一定写完它。假如写得长时，我想包办一期《蔷薇》，题目自然是《寄海滨故人》。

朋友呵！我如今这混一天是一天的生活，你大概也知道了。我只是希望如梦的现在，不管它微笑痛哭都好，我总觉我是生存在艺术的梦里，不是愚庸的梦里。我过去是也悲凄、也绮丽的，我未来大概也是也悲凄、也绮丽的。朋友，今天我恍然又悟到自戕的可怜，我还是望着明月游云高歌痛哭罢！

朋友呵！你给予我的同情和安慰，我不知

怎样报答才好，像我现在这样空洞无完肤的心身；然而我知道，你何曾希望我报答，你只是希望我的心情好、高兴；所以我为了朋友你这样，我是努力去把我的心情变好而且常是满面春风的；好不好，朋友？

今天忙，草草数语就此收住。祝你好梦正酣！

梅

三十夜

## 第 [2] 封 · 死枯

你要奇怪接到我两封信罢！我写了那信便吃饭，饭后乱找了一气诗稿就抄起，到现在，十二时已抄了三分之二的一本了。心烦手酸，实在不能抄了。忽然又想起和你笔谈。你觉到吗？我们见了面根本就未谈过一句正经话，我们心里所要说的话。

今天你信上，似乎问到我读了《孤鸿》后心海深处觉着怎样。我告诉你，朋友，我觉着难过，该哭！自然第一令我难过的便是她能充分地认识我而且给我那样厚深的同情。其次我无什感觉。至于天辛死后我的志愿和将来，《涛语》里十一《缄情寄到黄泉》①，便是我这一年来的结晶，我自然更希望那也是我永生的结晶。我心既如斯冷寂，那么，我也绝无大痛苦来侵袭，不会再像昨夜那样难过了，因为我知道再无人给我那样的信了。此后除了一天比一天沉寂死枯而外，大概连那样能令我痛哭的刺激都莫有呢！朋友！梅的生命是建在灰烬上，但同时也是在最坚固的磐石上。不说了，说下去你又要难过了，我不愿你为我而难过！

今天清晨我几次把眼光投射天辛墓前，我想去看他，本来接你电话我就想告诉你：我不去清那里，去看辛。后来我想何必又给你们不快活，所以牺牲了我自己。出了校场头条②时我真想去陶然亭，结果自然我不愿意，因为我去是最适当，你们去便受了大苦了，而且清又牙齿痛不能吹风，所以我不去而忍住。不过朋友，你觉出吗？我听你说话时，我是又把我自己的精魂投射到辛墓旁去了。没有愿望倒还好，计划着的事做不成似乎总不高兴？所以我在宣武门内又和你在车上说起。那时我很难受呢！你知道吗？

唉！为了经了这次我受的刺激，我总想去天辛墓前痛痛快快哭一场。我想，从这哭里或者能把我逝去的青春和爱情再收回来！唉，痴想！我知道是不能的，永久不能的了！

我第三次看你这信时，忽然发现你信纸有泪痕，真的，那是你的泪痕吗？是为我而流的泪滴吗？果然，我应怎样珍重这封信，它上面有人间极珍重的同情在上边。我愿我一天不死，我一天记忆着人间的同情，朋友！你该不伤心吧？

今夜我心情特别好，不过不是悲痛，有点疯狂，我要制止我。抄诗忽然找到一首诗来，寄给你读一读。有一个时期，我曾这样安慰过我自己，如今看来自然是笑话了。

看到这信时，我想我已看见你了。我在你面前，是不容我难受，因为我自己是希望看你的笑靥而不愿你鼓嘴的。朋友呵，祝你夜安！

梅

三十号夜一时半

---

① 指石评梅怀念高君宇的散文，作于 1926 年 11 月 18 日。
② 位于北京宣武区，现合并到西城区。

## 第 [3] 封 · 追忆

（写于1926年12月10日）①

万分想不到你写给我是这样的信。我倒不曾难受，不过我似乎略有点反感。你既不要我说什么我读后的意见，我也就不愿提到了；不过你应知道，爱情有时是不能和她讲道理、讲理智、讲该不该的。她至少有点盲目，而且是自己主观的沉醉。我在天辛的生前心是不属于他的，在死后我不知道怎样便把我心收回来交给了他。所以我才和W君断绝友谊，便是防备我心的反叛。如今我一直是沉迷着辛的骸骨，虽然他是有许多值得诅咒值得鄙弃的地方。不过在我心里，我总觉他是这宇宙中曾热烈地爱过我的。我是重精神而轻物质的人，所以我宁愿把我（的）心，把我的爱情，把我的青春，和他一同入葬。因为，我自小的幻想，便是孤独地生活；然而我尚有人性，自然不能不有爱情；但很不幸，我第一次便交给了一个不能承受我心的人，又不幸这时我又逢见了不能爱我而偏要爱我的天辛。

我在他生前是不愿为他而牺牲的，因为我是顾忌着一切的顾忌，我不愿把我洁白的灵魂染了污浊，我更不愿背了素志去就他。所以我不能不承认不爱他，然而我准不允许他的形式的结合。他是因为我这种偏僻的主张而死，因为我一颗心周旋于两个人②中间而死！我的罪过自然是一方面要求爱情，而一方面我又拒绝我素所恨恶的结婚；所以才造下许多罪恶。不幸，天辛死了，他死了成全了我，我可以有了永久的爱来安慰我来占领我，同时自然可以贯彻我孤独一生的主张。我现在是建生命在幻想死寂上的，所以我沉迷着死了的天辛，以安慰填补我这空虚的心灵，同时我抱了这颗心去走完这段快完的路程。许多朋友都曾用许多事实来证明天辛不值得我这样的牺牲，这自然是很合理的话。不过这是不了解我的人所可怜我同情我的。实际天辛不死，我也是这样孤独一生的，我是不愿牺牲我的主张的。

我是感情最烈，同时我是意志最强的人，所以我愿意把这颗心这素心交给了天辛，算是有个归宿。这样一说是令你明了，我如今的悼亡孤苦，（是）为了自己所需要，并不是为了天辛才这样的。假如我心不是如斯主张，第一，天辛不会死，他死了，我也有新生命可寻找，我自然不肯在他死了，还把态度那样表明，而且在文字上留下痕迹，在朋友面前我是怎样承认我们的关系。我一直写《涛语》的缘故，便是堑壁深垒地建造我们的坟，令一切的人们知道我已是这样一个活尸般毫无希望的人。

知此，朋友！你当不会再为我的命运难过，再为我孤独的人生感到悲哀！这（是）我自己造成的，是我有意这样造成的，这是我最合理最理想的人生。

幸好我自己现在还可独立生活，不仰仗别人；快活顺适呢。我多活几天；假如环境变迁，我随时可以了结我的生命，不管急行慢性的自戕都可以。假如我死，我觉这一生也不冤枉也不寂寞了，我由母亲怀里一直到坟里，生活都是很平安而且很绮丽的！ 我最爱处女，而且是处女的尸体，所以我愿我爱的实现！从前我不敢说这样大话，我怕感情有时不听我支配，自从辛死后我才认识了自己，我知道我是可以达到我素志的。这自然你是知道的，我如今这样及时行乐中已咽了不少的眼泪。

这些话，是我第一次告诉人，大概连晶清和天辛都不知我抱着此种主张而玩弄人并玩弄自己。然而朋友我告诉了你，你是一个真诚的朋友，因之我愿你比别人了解、知道、明白我。

我痛快极了，比大哭后还要痛快！信，你可以收存好。假如我死了，你要做点分析我的文章，这是很证切的参考。真的，不是说玩话。

十五年十二月十日

---

①此信选自袁君珊的回忆录《我所认识的评梅》，作于 1928 年 11 月 2 日。②两个人，指高君宇和吴天放。

# 《第叁章》 石评梅文章

高君宇英年早逝后，石评梅这才明白高君宇对她的爱意，然而一切都晚了，她痛不欲生。她忍着巨大的悲痛，按照高君宇生前的遗愿，为高君宇办理了后事。

她为高君宇写了碑文、挽词、挽联、哀悼诗，还经常写文章纪念他。借用电影《大话西游》中的经典台词：曾经有一份真挚的爱情摆在我的面前，但是我没有珍惜，等到了失去的时候才后悔莫及……如果上天可以给我一个机会再来一次的话，我会对那个女孩子说：我爱你。如果非要把这份爱加上一个期限，我希望是一万年。

# 小苹

五月九号的夜里，我由晕迷的病中醒来，翻身向窗低低地叫你。那时我辨不清是些谁们，总有三四个人围拢来，用惊喜的目光看着我。当时，并未感到你不在，只觉着我的呼声发出后，回应只渺茫地归于沉寂。

十号清晨，夜梦归来，红霞映着朝日的光辉，穿透碧纱窗帏射到我的脸上，感到温暖的舒适；芷给我煎了药拿进来时，我问她："小苹呢？"她踟蹰了半天，才由抽屉里拿出一封信给我。拆开看完，才知道你已经在七号的夜里，离开北京——离开我走了。

当时我并未感到什么，只抬起头望着芷笑了笑。吃完药，她给我掩好绒单，向我耳畔低低说："你好好静养，下课后我来伴你。晚上新月社演戏，我不愿意去了。你睡罢，醒来时，我就坐在你床边了。"她轻拿上书，披上围巾，向我笑了笑，掩上门出去了。

她走后不到十分钟，这小屋沉寂得像深夜墟墓般阴森。耳畔手表的声音，因为静默了，仿佛如塔尖银钟那样清悠。雪白的帐子，被微风飘拂着似乎在动。这时感到宇宙的空寂，感到四周的凄静，一种冷涩的威严，逼得我蜷伏在病榻上低低地哭了！没有母亲的抚爱，也无朋友的慰藉，无聊中我想到小时候，怀中抱着的猫奴，和足底跳跃的小狗，但现在我也无权求它们来解慰我。

水波上无意中飘游的浮萍，逢到零落的花瓣，刹那间聚了，刹那间散了，本不必感离情的凄惘；况且我们在这空虚无一物可取的人间，曾于最短时间内，展开了心幕。当春残花落、星烂月明的时候，我们手相携，头相依，在天涯一角，同声低诉着自己的命运而凄楚呢！只有我们听懂孤雁的哀鸣；只有我们听懂夜莺的悲歌；也只有你了解我，我知道你。

自从你由学校辞职，来到我这里后，才能在夜深联床、低语往事中，了解了你在世界上的可怜和空虚。原来你纵有明媚的故乡，不能归去；虽有完满的家庭，也不能驻栖；此后萍踪浪迹，漂泊何处，小苹！我为你感到了地球之冷酷。

你窈窕的倩影，虽像晚霞一样，渐渐模糊地

隐退了，但是使我想着的，依然不能忘掉；使我感着永久隐痛的，更是因你走后，才感到深沉。记得你来我处那天，搬进你那简单的行装，随后你向我惨惨地一笑！说："波微！此后我向哪里去呢？"就是这天夜里，我由梦中醒来，依稀听到你在啜泣。我问你时，你硬赖我是做梦。

一个黄昏，我已经病在床上两天了，不住地呻吟着，你低着头在地下转来转去地踱着。自然，不幸的你更加心情杂乱，神思不定为了我的病。当时我寻不出一句相当的话来解慰你，解慰自己，只觉着一颗心，渐渐感到寒战，感到冷寂。苹！我不敢想下去了，我感到的，自然你更觉得深刻些。所以，我病了后，我常顾虑着，心头的凄酸，眉峰的郁结，怕憔悴瘦削的你肩载不起。

但真未想到你未到天津，就病在路上了！

你现在究竟要到哪里去？

从前我相信地球上只有母亲的爱是真爱，是纯洁而不求代价的爱，爱自己的儿女，同时也爱别人的儿女。如今，我才发现了人类的偏狭、忌恨，惨杀毒害了别人的儿女，始可为自己的儿女们谋到福利，表示笃爱。可怜的苹！因之，你带着由继母臂下逃逸的小弟弟，向着无穷遥远、陌生无亲的世界中，挣扎着去危机四伏的人海中漂流去了。上帝呵！你保佑他们，你保佑他们一对孤苦无人怜的姊弟们到哪里去？

有时我在病榻上跃起来大呼着："不如意的世界要我们自己的力量去粉碎！"自然生命一日不停止，我们的奋斗不能休息。但有时，我又懦弱地想到死，为远避这些烦恼痛苦，渴望着有一个如意的解决。不过，你为了扶植弱小的弟弟，尚且不忍以死卸责；我有年高的双亲，自然不能在他们的抚爱下自求解脱。为了别人牺牲自己，也是上帝的聪明，令人们一个一个系恋着不能自由的好处。

你相信人是不可加以爱怜的，你在无意中施舍了的，常使别人在灵魂中永远浸没着不忘。我自你走了之后，梦中常萦绕着你那幽静的丰神，不管黄昏或深宵，你憔悴的情影，总是飘浮在眼底。有时由恐怖之梦中醒来，我常喊着你的名字，希望你答应我，或即刻递给我一杯茶水，但遭了无声息的拒绝后，才知道你已抛弃下我走了。这种变态的情形，不愿说我是爱你，我是正在病床上僵卧着想你罢！不知夜深人静，你在漂泊的船上，也依稀忆到恍如梦境般，有个曾被你抛弃的朋友。

我的病现已渐好，她们说再有两礼拜可以出门了。我也乐得在此密织神秘的病神网底，如疲倦的旅客，倚伏在绿荫下求暂时的憩息。昨天我已能扶着床走几步了，等她们走了不监视我时，我还偷偷给母亲写了几个字。我骗她说我忙得很，所以这许久未写信给她；但至如今我还担心着，因为母亲看见我倾斜颠倒的字迹，或者要疑心呢！

前一礼拜，天辛①来看我，他说不久要离开北京，为了一个心的平静，那个心应当悄悄地走了。今天清晨我接到他由天津寄我的一张画，是一片森林夹着一道清溪，树上地上都铺着一层雪，森林后是一抹红霞，照着雪地，照着森林。后面写着：

I have cast the world

And think me as nothing

Yet I feel cold on snow-falling day

And happy on flower day②

我常盼我的隐恨，能如水晶屏一样，令人清白了然；或者像一支红烛，摇曳在晦暗的帏底，使人感到光亮。这种自己不幸，同时又令别人不幸的事，使我愤怨诅咒上帝之不仁至永久，至无穷。

病以后，我大概可以变了性情，你也不必念到我，相信我是始终至死，不毁灭我的信仰。将来命运的悲怆，已是难免的灾患，好吧！我已经静静地等候着有那么一天，我闭着眼听一个玛瑙杯碎在岩石上的声音。

今天是星期一，她们都很忙，所以我能写这样长信，从上午九点，写到下午三点，分了几次写，自然是前后杂乱、颠倒无章。你当然只要知道我在天之涯，尚健全地能挥毫如意地写信给你，已感到欣慰了吧！

这次看到西湖时，还忆得仙霞岭捡红叶的人吗？

十三年五月十九日　病榻畔

---

①高君宇的笔名。②大意是：投身于浩瀚的世界，忘记了自己的存在。严冬是风雪飞旋的时节，热恋则是百花争艳的季节。

# 梅隐

　　五年前冬天的一个黄昏，我和你联步徘徊于暮云苍茫的北河沿，拂着败柳，踏着枯叶，寻觅梅园。那时群英宴间，曾和你共沐着光明的余晖，静听些大英雄好男儿的伟论。昨天我由医院出来，绕道去孔德学校看朋友。北河沿败柳依然，梅园主人固然颠沛在东南当革命健儿，但是我们当时那些大英雄好男儿却有多半是流离漂泊、志气颓丧、事业无成呢！

　　谁也想不到五年后，我由烦杂①的心境中，检寻出这样一段回忆。时间一天一天地飞掠，童年的兴趣，都在朝霞暮云中慢慢地消失，只剩有青年皎月是照了过去，又照现在，照着海外的你，也照着祖国的我。

　　今晨睡眼蒙眬中，你二十六号的信递到我病榻上来了。拆开时，粉色的纸包掉下来，展开温香扑鼻。淡绿的水仙瓣上，传来了你一缕缕远道的爱意。梅隐！我欣喜中，含泪微笑轻轻吻着她，闭目凝思五年未见、海外漂泊的你。

你真的决定明春归来吗？我应用什么表示我的欢迎呢？别时同流的酸泪，归来化作了冷漠的微笑；别时清碧的心泉，归来变成了枯竭的沙滩；别时鲜艳的花蕾，归来是落花般迎风撕碎！何处重撷童年红花，何时重摄青春皎颜？挥泪向那太虚，嘘气望着碧空，朋友！什么都逝去了，只有生之轮默默地转着衰老，转着死亡而已。

前几天皇姊由Sumatra②来信，她对我上次劝她归国的意见有点容纳了，你明春可以绕道去接她回来，省得叫许多朋友都念着她的孤单。她说：

在我决志漂泊的长途，现在确乎感到疲倦；在一切异样的习惯情状下，我常想着中华；但是破碎河山，糜烂故乡，归来后又何忍重来凭吊、重来抚慰呢？我漂泊的途程中，有青山也有绿水，有明月也有晚霞，波妹！我不留恋这刹那寄驻的漂泊之异乡，也不留恋我童年嬉游的故国；何处也是漂泊，何时也是漂泊，管什么故国异地呢？除了死，哪里都不是我灵魂的故乡。

有时我看见你壮游的豪兴，也想远航重洋，将这一腔烦闷，投向海心，浮在天心；只是母亲系缚着我，她时时怕我由她怀抱中逸去，又在我心头打了个紧结；因此，我不能离开她比现在还远一点。许多朋友，看不过我这颓丧，常写信来勉策我的前途，但是我总默默地不敢答复他们，因为他们厚望于我的，确是完全失望了。

近来更不幸了，病神常常用她的玉臂怀抱着我；为了病更使我对于宇宙的不满和怀疑坚信些。朋友！何曾仅仅是你，仅仅是我，谁也不是生命之网的漏鱼。病精神的或者不感受身体的痛苦，病身体的或者不感受精神的斧柯；我呢！精神上受了无形的腐蚀，身体上又受着迟缓而不能致命的痛苦。

你一定要问我到底为了什么？但是我怎样告诉你呢，我是没有为了什么的。

病中有一次见案头一盆红梅，零落得可怜，还有许多娇红的花瓣在枝上。我不忍再看她萎落尘土，遂乘她开时采下来，封了许多包，分寄给我的朋友；你也有一包，在这信前许接到了。玉薇在前天寄给我一首诗，谢我赠她的梅花，诗是：

话到孤零感苦辛，月明何处问前身？

甘将疏影酬知己，好把离魂吊故人；

玉碎香消春有恨，风流云散梦无尘。

多情且为留鸿爪，他日芸窗证旧因。

同时又接到天辛寄我的两张画片：一张是一片垂柳碧桃交蒸的树林下，立着个绯衣女郎，她的左臂绊攀着杨柳枝，低着头望着满地的落花凝思。一张是个很黯淡苍灰的背景，上边有几点疏散的小星，一个黑衣女郎伏在一个大理石的墓碑傍③跪着，仰着头望着星光祈祷——你想她是谁？

梅隐！不知道哪个是象征着我将来的命运？

你给我寄的书怎么还不寄来呢？揆哥给你有信吗？我们整整一年的隔绝了，想不到在圣诞节的前一天，他寄来一张卡片，上边写着：

愿圣诞节的仁风，吹散了人间的隔膜；

愿伯利恒的光亮，烛破了疑虑的悲哀。

其实，我和他何尝有悲哀，何尝有隔膜？所谓悲哀隔膜，都是环境众人造成的；在我们天真洁白的心版上，有什么值得起隔膜和悲哀的事。现在环境既建筑了隔膜的幕壁，何必求仁风吹散？环境既造成了悲哀，又何必硬求烛破？

只要年年圣诞节，有这个机会纪念着想到我们童年的友谊，那我们的友谊已是和天地永存了。揆哥总以为我不原谅他，其实我已替他想得极周到，而且深深了解他的；在这"隔膜""悲哀"之中，他才可寻觅着现在人间的幸福；而赐给人间幸福的固然是上帝，但帮助他寻求的，确是他以为不谅解他的波微。

我一生只是为了别人而生存，只要别人幸福，我是牺牲了自己也乐于去帮助旁人得到幸福的；过去是这样，现在也是这样。不过我也只是这样希望着，有时不但人们认为这是一种罪恶，而且是一种罪恶的玩弄呢！虽然我不辩，我又何须辩？水枯了鱼儿的死，自然都要陈列在眼前，现在何必望着深渊徘徊而疑虑呢！梅隐！我过去你是比较知道的，和揆哥隔绝是为了他的幸福，和梅影隔绝也是为了他的幸福……因为我这样命运不幸的人，对朋友最终的披肝沥胆，表明心迹的，大概只有含泪忍痛的隔绝罢？

母亲很念你，每次来信都问我你的近况。假如你有余暇时你可否寄一封信到山城，安慰安慰我的母亲，也可算是梅隐的母亲。我的病，医生说是肺管炎，要紧大概是不要紧，不过长此拖延，精神上觉着苦痛。这一星期又添上失眠，每夜银彩照着紫兰绒毡时，我常觉腐尸般活着无味。但一经我抬起头望着母亲的相片时，神秘的系恋，又令我含泪无语。梅隐！我应该怎样，对于我的生、我的死？

①现多用"繁杂"。②印尼南部的苏门答腊岛。③"傍"应为"旁"。

# 素心

　　我从来不曾一个人走过远路，但是在几月前我就想尝试一下踽踽独行的滋味；黑暗中消失了你们，开始这旅途后，我已经有点害怕了！我搏跃不宁的心，常问我："为什么硬要孤身回去呢？"因之，我蜷伏在车厢里，眼睛都不敢睁，睁开时似乎有许多恐怖的目光注视着我，不知他们是否想攫住我？是否想加害我？有时为避免他们的注视，我抬头向窗外望望，更冷森得可怕。平原里一堆一堆的黑影，明知道是垒垒荒冢，但是我总怕是埋伏着的劫车贼呢。这时候我真后悔，为甚要孤零零一个女子，在黑夜里同陌生的旅客们，走向不可知的地方去呢？因为我想着前途或者不是故乡不是母亲的乐园？

　　天亮时忽然上来一个老婆婆，我让点座位给她。她似乎嘴里喃喃了几声，我未辨清是什么话。你是知道我的，我不高兴和生人谈话，所以我们只默默地坐着。

我一点都不恐怖了，连他们惊讶的目光，都变成温和的注视，我才明白他们是绝无攫住加害于我的意思。所以注视我的，自然因为我是女子，是旅途独行无侣的女子。但是我为什么要这样呢？因为我身旁有了护卫——不认识的老婆婆。明知道她也是独行的妇女，在她心里，在别人眼里，不见得是负了护卫我的使命，不过我确是有了勇气而且放心了。

靠着窗子睡了三点钟，醒来时老婆婆早不在了。我身旁又换了一个小姑娘，手里提着一个篮子，似乎很沉重，但是她不知道把它放在车板上。后来我忍不住说："小姑娘！你提着不重吗？为什么不放在车板上？"可笑她被我提醒后，红着脸把它搁在我的脚底。

七月二号的正午，我换了正太车，踏入了我渴望着的故乡界域。车头像一条蜿蜒的游龙，有时飞腾在崇峻的高峰，有时潜伏在深邃的山洞，由晶莹小圆石堆集成的悬崖里，静听着水涧碎玉般的音乐。你知道吗？

娘子关的裂帛溅珠，真有"苍崖中裂银河飞，空里万斛倾珠玑"的美观。

火车箭似的穿过夹道的绿林，牧童村女，都微笑点头，似乎望着缭绕来去的白烟欢呼着说："归来呵！漂泊的朋友！"想不到往返十几次的轨道旁，这次才感到故乡的可爱和布置雄壮的河山。旧日秃秃的太行山，而今都披上柔绿。细雨里行云过岫，宛似少女头上的小鬟。因为落雨多，瀑布是更壮观而清脆，经过时我不禁想到Undine①。

下午三点钟，我站在桃花潭前的家门口了。一只我最爱的小狗，在门口卧着，看见我陌生的归客，它摆动着尾巴，挣直了耳朵，向我汪汪地狂叫。那时我家的老园丁，挑着一担水回来，看见我时他放下水担，颤巍巍向我深深地打了一躬，喊了声："小姐回来了！"

我急忙走进了大门，一直向后院去，喊着母亲。这时候我高兴之中夹着酸楚，看见母亲时，双膝跪在她面前，扑到她怀里，低了头抱着她的腿哭了！

母亲老了，我数不清她鬓上的银丝又添几许。现在我确是一枝阳光下的蔷薇，在这温柔的母怀里又醉又懒。素心！你不要伤心你的漂泊，当我说到见了母亲的时候，你相信这刹那的快慰，已经是不可捉摸而消失的梦。有了团聚又衬出漂泊的可怜，但想到终不免要漂泊的时候，这团聚暂时的欢乐，岂不更增将来的惆怅？因之，我在笑语中低叹，沉默里饮泣。为什么呢？我怕将来的离别，我怕将来的漂泊。

只有母亲，她能知道我不敢告诉她的事！一天我早晨梳头，掉了好些头发，母亲忽然想起什么似的，问我这样一句说："你在外边莫有生病吗？为什么你脸色黄瘦而且又掉头发呢？"素心！母亲是照见我的肺腑了，我不敢回答她，装着叫嫂嫂梳头，跑在她房里去流泪。

这几天一到正午就下雨，鱼缸里的莲花特别鲜艳，碧绿的荷叶上，银珠一粒粒地乱滚，小侄女说那是些"大珠小珠落玉盘"。家庭自有家庭的乐趣。每到下午六七点钟，灿烂的夕阳、美丽的晚霞，挂照在罩着烟云的山峰时，我陪着父亲上楼瞭望这起伏高低的山城。在一片青翠的树林里掩映着天宁寺的双塔，阳春楼上的钟声，断断续续布满了全城。可惜我不是诗人，不是画家，在这处处都是自然、处处都寓天机的环境里，我惭愧了！

你问到我天辛的消息时，我心里似乎埋伏着将来不可深恻的隐痛。这是一个厄运，常觉着我宛如一个狰狞的鬼灵，掏了一个人的心，偷偷地走了。素心！我哪里能有勇气再说我们可怜的遭逢呵！十二日那晚上我接到天辛由上海寄我的信②，长极了，整整地写了二十张白纸，他是双挂号寄来的。这封信里说他回了家的胜利，和已经粉碎了他的桎梏的好消息；他自然很欣慰地告诉我，但是我看到时，觉着他可怜得更厉害，从此后，他真的孤身只影流落天涯，连这个礼教上应该敬爱的人都莫有了。他终久是空虚，他终久是失望，那富艳如春花的梦，只是心上的一刹那；素心！我眼睁睁看着他要朦胧中走入死湖，我怎不伤心？为了我忠诚的朋友。但是我绝无法挽救，在灿烂的繁星中，只有一颗星是他的生命，但是这颗星确是永久照耀着这沉寂的死湖。因此我朝夕绞思，虽在这盛暖的母怀里有时感到世界的凄冷，自接了他这封长信后，更觉着这个厄运是绝不能幸免的；而深重的隐恨压伏在我心上一天比一天悲惨！但是素心呵！我绝无勇气揭破这轻翳的幕，使他知道他寻觅的世界是这样凄惨。淡粉的翼纱下，笼罩的不是美丽的蔷薇，确是一个早已腐枯了的少女尸骸！

有一夜母亲他们都睡了，我悄悄踱到前院的葡萄架下，那时天空辽阔清净像无波的海面，一轮明月晶莹地照着。我在这幸福的园里，幻想着一切未来的噩梦。后来我伏在一棵杨柳树上，觉着花影动了，轻轻地有脚步声走来，吓了我一跳。细看原来是嫂嫂，她伏着我的肩说："妹妹你不睡，在这里干吗？近来我觉着你似乎常在沉思，你到底为了什么呢？亲爱的妹妹！你告诉我？"禁不住的悲哀，像水龙样喷发出来，索性抱着她哭起来。那夜我们莫有睡，两个人默默坐到天明。

家里的幸福有时也真有趣！告诉你一个笑话：家中有一个粗使的女仆，她五十多岁了！每当我们沉默或笑谈时，她总穿插其间，因之，嫂嫂送她绰号叫刘姥姥。昨天晚上母亲送她一件紫色芙蓉纱的褂子，是二十年前的古董货了，她马上穿上在院子里手舞足蹈地跳起来。我们都笑了，小侄女昆林，她抱住了我笑得流出泪来，母亲在房里也被我们笑出来了，后来父亲回来，她才跳到房里，但是父亲也禁不住笑了！在这样浓厚的欣慰中，有时我是可以忘掉一切的烦闷。

大概八月十号以前可以回京，我见你们时，我又要离开母亲了，素心！在这醺醉中的我，真不敢想到今天以后的事情！母亲今天去了外祖母家，清寂里我写这封长信给你，并祝福你！

十三年七月二十二号　山城栖云阁

①水之女神。②此文提及高君宇回家离婚的情况，以波微为笔名发表于《世界日报·蔷薇周刊》第7号。石评梅同年7月12日的日记中写道："接天辛信，详叙到家后情形，洋洋洒洒，像一篇小说，真的！并且是确实，他已经得到她的谅解，而粉碎了他的桎梏，不过他此后连礼教上应该爱好的人也没有了！我终久是对不住他！"

# 天辛

到如今我没有什么话可说，宇宙中本没有留恋的痕迹，我祈求都像惊鸿的疾掠、浮云的转逝，只希望记忆帮助我见了高山想到流水，见了流水想到高山。但这何尝不是一样的吐丝自缚呢！

有时我常向遥远的理智塔下忏悔，不敢抬头，因为瞻望着遥远的生命，总令我寒噤战栗！最令我难忘的就是那天在河滨将别时，你握着我的手说：

"朋友！过去的确是过去了，我们在疲倦的路上，努力去创造未来罢！"

而今当我想到极无聊时，这句话便隐隐由我灵魂深处溢出，助我不少勇气。但是终日终年战兢兢地转着这生之轮，难免有时又感到生命的空虚，像一只疲于飞翔的孤鸿，对着苍茫的天海、云雾的前途，何处是新径？何处是归路地怀疑着，徘徊着。

我心中常有一个幻想的新的境界，愿我自己单独地离开群众，任着脚步，走进了有虎狼豺豹的深夜森林中，跨攀过削岩峭壁的高冈，渡过了苍茫扁舟的汪洋，穿过荆棘丛生的狭径……任我一个人高呼，任我一个人低唱，即有危险，也只好一个人量力扎挣①与抵抗。求救人类，荒林空谷何来佳侣？祈福上帝，上帝是沉默无语。我愿一生便消失在这里，死也埋在这里，虽然孤寂，我也宁愿享兹孤苦的。不过这怕终于是一个意念的幻想，事实上我又如何能这样，除了蔓草黄土堙埋在我身上的时候。

如今，我并不恳求任何人的怜悯和抚慰，自己能安慰娱乐自己时，我便去追求着哄骗自己。相信人类深藏在心底的，大半是罪恶的种子，陈列在眼前的又都是些幻变万象的尸骸；猜疑嫉妒既狂张起翅儿向人间乱飞，手中既无弓箭，又无弹丸的我们，又能奈何他们呢？辛！我们又如何能不受伤负创被人们讥笑。

过去的梦神，她常伸长玉臂要我到她的

怀里，因之，一切的凄怆失望像万骑踏过沙场一样蹂躏着我，使我不敢看花，看花想到业已埋葬的青春；不敢临河，怕水中映出我憔悴的瘦影；更不敢到昔日栖息之地，怕过去的陈尸握住我的惊魂。更何忍压着凄酸的心情，在晚霞鲜明、鸟声清幽时，向沙土上小溪畔重认旧日的足痕！

从前赞美朝阳，红云捧着旭日东升，我欢跃着说："这是我的希望。"从前爱慕晚霞，望着西方绚烂的彩虹，我心告诉我："这是我的归宿。"天辛呵！纵然今天我立在伟大庄严的天坛上，彩凤似的云霞依然飘停在我的头上，但是从前我是沉醉在阳光下的蔷薇花，现在呢，仅不过是古荒凄凉的神龛下，蜷伏着呻吟的病人。

这些话也许又会令你伤心的，然而我不知为什么似乎一些幸福愉快的言语也要躲避我。今天推窗见落叶满阶，从前碧翠的浓幕，让东风撕成了粉碎；因之，我又想到落花，想到春去的倏忽，想到生命的虚幻，想到一切……想到月明星烂②的海、灯光辉煌的船、广庭中婀娜的舞女、琴台上悠扬的歌声。外边是沉静的海充满了神秘，船里是充满了醉梦的催眠。汹涌的风波起时，舵工先感恐惧，只恨我的地位在生命海上，不是沉醉娇贵的少女，偏是操持危急的舵工。

说到我们的生命，更渺小了，一波一浪，在海上留下些什么痕迹！

诞日，你寄来的象牙戒指收到了[③]。诚然，我也愿用象牙的洁白和坚实，来纪念我们自己静寂像枯骨似的生命。

---

①"扎挣"应为"挣扎"，后文同上。②"月明星烂"应为"月明星灿"。③1924年10月14日，高君宇在广州买了两枚象牙戒指，一枚寄北京石评梅，另一枚至死都戴在自己手指上。

# 涛语①

①高君宇病逝后，石评梅先后写了《微醉之后》《夜航》等文章寄托哀思。这些作品后来收在散文集《涛语》中。本书选收了六篇：《醒后的惆怅》《夜航》《"殉尸"》《一片红叶》《象牙戒指》《最后的一幕》。

# 醒后的惆怅

深夜梦回的枕上，我常闻到一种飘浮的清香，不是冷艳的梅香，不是清馨的兰香，不是金炉里的檀香，更不是野外雨后的草香。不知它来自何处，去至何方。它们伴着皎月游云而来，随着冷风凄雨而来，无可比拟，凄迷辗转之中，认它为一缕愁丝，认它为几束恋感，是这般悲壮而缠绵。世界既这般空寂，何必追求物象的因果。

汝负我命，我还汝债，以是因缘，经百千劫常在生死。

汝爱我心，我爱汝色，以是因缘，经百千劫常在缠缚。

——《楞严经》

寂灭的世界里，无大地山河，无恋爱生

死，此身既属臭皮囊，此心又何尝有物，因此我常想毁灭生命，锢禁心灵。至少把过去埋了，埋在那苍茫的海心，埋在那崇峻的山峰，在人间水不波荡，永不飘飞，但是失败了，仅仅这一念之差，铸塑成这般罪恶。

当我在长夜漫漫、转侧呜咽之中，我常幻想着那云烟一般的往事，我感到梗酸，轻轻来吻我的是这腔无处挥洒的血泪。

我不能让生命寂灭，更无力制止她的心波澎湃，想到时总觉对不住母亲，离开她五年把自己摧残到这般枯悴。要写什么呢？生命已消逝的飞掠去了，笔尖逃逸的思绪，何曾是纸上留下的痕迹。母亲！这些话假如你已了解时，我又何必再写呢！只恨这是埋在我心冢里的，在我将要放在玉棺时，把这束心的挥抹请母亲过目。

天辛死以后①，我在他尸身前祷告时，一个令我眷恋的梦醒了！我爱梦，我喜欢梦。她是浓雾里阑珊的花枝，她是雪纱轻笼了苹果脸的少女，她如沧海飞溅的浪花，她如归鸿云天里一闪的翅影。因为她既不可捉摸，又不容凝视，那轻渺渺游丝般梦痕，比一切都使人醺醉而迷惘。

诗是可以写在纸上的，画是可以绘在纸上的，而梦呢，永远留在我心里。母亲！假如你正在寂寞时候，我告诉你几个奇异的梦。

---

① 1925 年 3 月 5 日，高君宇病逝于北京协和医院。

# 夜航

一九二五年元旦那天，我到医院①去看天辛。那时残雪未消，轻踏着积雪去叩弹他的病室，诚然具着别种兴趣，在这连续探病的心情经验中，才产生出现在我这忏悔的惆怅！不过我常觉由崎岖蜿蜒的山径到达峰头，由翠荫森森的树林到达峰头；归宿虽然一样，而方式已有复杂简略之分，因之我对于过去及现在，又觉心头轻泛着一种神妙的傲意。

那天下午我去探病，推开门时，他是睡在床上头向着窗瞧书。我放轻了足步进去，他一点都莫有觉得我来了，依然一页一页翻着书。我脱了皮袍，笑着蹲在他床前，手攀着床栏说：

"辛，我特来给你拜年，祝你一年的健康和安怡。"

他似乎吃了一惊，见我蹲着时不禁笑了！我说：

"辛！不准你笑！从今天这时起，你做个永久的祈祷，你须得诚心诚意地祈祷！"

"好！你告诉我祈祷什么？这空寂的世界我还有希冀吗？我既无希望，何必乞怜上帝，祷告他赐我福惠呢？朋友！你原谅我吧？我无力而且不愿做这幻境中自骗的祈求了。"

仅仅这几句话，如冷水一样浇在我热血搏跃的心上时，他奄奄地死寂了，在我满挟着欢意的希望中，现露出这样一个严涩枯冷的阻物。他正在诅咒着这世界，这世界是不预备给他什么，使他虔诚的心变成厌弃了，我还有什么话可以安慰他呢！

这样沉默了有二十分钟，辛摇摇我的肩说：

"你起来，蹲着不累吗？你起来我告诉你个好听的梦。快！快起来！这一瞥飞逝的时间，我能说话时你还是同我谈谈吧！你回去时再沉默不好吗！起来，坐在这椅上，我说昨夜我梦的梦。"

我起来坐在靠着床的椅上，静静地听着

他那抑扬如音乐般声音，似夜莺悲啼、燕子私语，一声声打击在我心弦上回旋。他说：

"昨夜十二点钟看护给我打了一针之后，我才可勉强睡着。波微！从此之后我愿永远这样睡觉，永远有这美妙的幻境抱着我。

"我梦见青翠如一幅绿缎横披的流水，微风吹起的雪白浪花，似绿缎上纤织的小花。可惜我身旁没带着剪子，那时我真想裁割半幅给你做一件衣裳。

"似乎是个月夜，清澈如明镜的皎月，高悬在蔚蓝的天宇，照映着这翠玉碧澄的流水。那边一带垂柳，柳丝一条条低吻着水面像个女孩子的头发，轻柔而蔓长。柳林下系着一只小船，船上没有人；风吹着水面时，船独自在摆动。

"这景是沉静，是庄严，宛如一个有病的女郎，在深夜月光下仰卧在碧茵草毡，静待着最后的接引，怆慎而冷静。又像一个受伤的骑士，倒卧在树林里，听着这渺无人声的野外，有流水呜咽的声音！他望着洒满的银光，想到祖国，想到家乡，想到深闺未眠的妻子。我不能比拟是那么和平，那么神寂，那么幽深。

"我是踟蹰在这柳林里的旅客，不知道这是什么地方。我走到系船的那棵树下，把船解开，正要踏下船板时，忽然听见柳林里有唤我的声音！我怔怔地听了半天，依旧把船系好，转过了柳林，缘着声音去寻。愈走近了，那唤我的声音愈低微愈哀惨，我的心搏跳得更加厉害。郁森的浓荫里，露透着几丝月光，照映着真觉冷森惨淡！我停止在一棵树下，那细微的声音几乎要听不见。后来我振作起勇气，又向前走了几步，那声音似乎就在这棵树上。"

他说到这里，面色变得更苍白，声浪也有点颤抖。我把椅子向床移了一下，紧握着他的手说：

"辛！那是什么声音？"

"你猜那唤我的是谁？波微！你一定想不到，那树上发出可怜的声音叫我的，就是你！不知谁把你缚在树上。当我听出是你的声音时，我像个猛兽一般扑过去，由树上把你解下来。你睁着满含泪的眼望着我，我不知为什么忽然觉得难过，我的泪不自禁地滴在你腮上了！

"这时候，我看见你惨白的脸被月儿照着像个雕刻的石像。你伏在我怀里，低低地问我：

'辛！我们到哪里去呢？'

"我莫有说什么，扶着你回到系船的那棵树下。不知怎样，刹那间我们泛着这叶似的船儿，飘游在这万顷茫然的碧波之上，月光照得如白昼。你站在船头仰望那广漠的天宇，夜风吹送着你的散发，飘到我脸上时我替你轻轻一掠。后来我让你坐在船板上，这只无人把舵的船儿，驾凌着像箭一样在水面上漂过，渐渐看不见那一片柳林，看不见四周的缘岸。远远地似乎有一个塔，走近时原来不是灯塔，是个翠碧如琉璃的宝塔，月光照着发出璀璨的火光。你那时惊呼着指那塔说：

'辛！你看什么！那是什么？'

"在这时候，我还莫有答应你。忽然狂风卷来，水面上涌来如山立的波涛，浪花涌进船来，一翻身我们已到了船底，波涛卷着我们浮沉在那琉璃宝塔旁去了！我醒来时心还跳着，月光正射在我身上，弟弟在他床上似乎正在梦呓。我觉着冷，遂把椅子上一条绒毡加在身上。

"我想着这个梦，我不能睡了。"

我不能写出我听完这个梦以后的感想，我只觉心头似乎被千斤重闸压着。停了一会儿我忽然伏在他床上哭了！天辛大概也知道不能劝慰我，他叹了口气重新倒在床上。

①高君宇积劳成疾，于 1924 年 12 月住进北京德国医院。

## "殉尸"

　　我怕敲那雪白的病房门，我怕走那很长的草地，在一种潜伏的心情下，常颤动着几缕不能告人的酸意，因之我年假前的两星期没有去看天辛。

　　记得有一次我去东城赴宴，归来顺路去看他，推开门时他正睡着。他的手放在绒毡外边，他的眉峰紧紧锁着，他的唇枯烧成青紫色，他的脸净白像石像，只有胸前微微的起伏，告诉我他是在睡着。我静静地望着他，站在床前呆立了有廿分钟。我低低唤了他一声，伏在他床上哭了！

　　我怕惊醒他，含悲忍泪，把我手里握着的一束红梅花，插在他桌上的紫玉瓶里。我在一张皱了的纸上写了几句话："天辛！当梅香唤醒你的时候，我曾在你梦境中来过。"

　　从那天起我心里总不敢去看他，连打电话

给天辛的勇气也莫有了。我心似乎被群蛆蚕食着，像蜂巢般都变成好些空虚的洞孔。我虔诚着躲闪那可怕的一幕。

放了年假第二天的夜里，我在灯下替侄女编结着一顶绒绳帽。当我停针沉思的时候，小丫头送来一封淡绿色的小信。拆开时是云弟寄给我的，他说："天辛已好了，他让我告诉你。还希望你去看看他，在这星期他要搬出医院了。"

这是很令我欣慰的。当我转过那条街时，我已在铁栏的窗门看见他了。他低着头背着手在那枯黄草地上踱着，他的步履还是那样迟缓而沉重。我走进了医院大门，他才看见我，他很喜欢地迎着我说："朋友！在我们长期隔离间，我已好了，你来时我已可以出来接你了。"

"呵！感谢上帝的福佑，我能看见你由病床上起来……"我底下的话没说完已经有点哽咽。我恨我自己，为什么在他这样欢意中发出这莫名其妙的悲感呢！至现在我都不了解。

别人或者看见他能起来、能走步，是已经健康了、痊愈了罢！我真不敢这样想。他没有舒怡健康的红靥，他没有心灵发出的微笑，他依然是忧丝紧缚的枯骨，依然是空虚不载一物的机械。他的心已由那飞溅冲激的奔流，汇聚成一池死静的湖水，莫有月莫有星，黑沉沉发出呜咽泣声的湖水。

他同我回到病房里，环顾了四周，他说："朋友！我总觉我是痛苦中浸淹了的幸福者，虽然我不曾获得什么，但是这小屋里我永远留恋它，这里有我的血、你的泪！仅仅这几幕人间悲剧已够我自豪了，我不应该在这人间还奢望着上帝所不许我的，我从此知所忏悔了！"

"我的病还未好，昨天克老头儿警告我要静养六个月，不然怕转肺结核。"

他说时很不高兴，似乎正为他的可怕的病烦闷着。停了一会他忽然问我：

"地球上最远的地方是哪里呢？"

"便是我站着的地方。"我很快地回答他。

他不再说什么，惨惨地一笑！相对默默不能说什么。我固然看见他这种坦然的态度而伤心，就是他也正在为了我的躲闪而可怜。为了这些，本来应该高兴的时候，也就这样黯淡地过去了。

这次来探病，他的性情心境已完全变化，

他时时刻刻表现他的体贴我原谅我的苦衷，他自己烦闷愈深，他对于我的态度愈觉坦白大方，这是他极度粉饰的伤心，也是他最令我感泣的原因。他在那天曾郑重地向我声明：

"你还有什么不放心，我是飞入你手心的雪花，在你面前我没有自己。你所愿，我愿赴汤蹈火以寻求；你所不愿，我愿赴汤蹈火以避免。朋友，假如连这都不能，我怎能说是敬爱你的朋友呢！这便是你所认为的英雄主义时，我愿虔诚地在你世界里，赠予你永久的骄傲。这便是你所坚持的信念时，我愿替你完成这金坚玉洁的信念。

"我在医院里这几天，悟到的哲理确乎不少，比如你手里的头绳，可以揣在怀里，可以扔在地下，可以编织成许多时新的花样。我想只要有头绳，一切权力自然操在我们手里，我们高兴编织成什么花样，就是什么。我们的世界是不长久的，何必顾虑许多呢！

"我们高兴怎样，就怎样罢。我只诚恳地告诉你'爱'不是礼赠，假如爱是一样东西，那么赠之者受损失，而受之者亦不见得心安。"

在这缠绵的病床上起来，他所得到的仅是

这几句话,唉!他的希望红花,已枯萎死寂在这病榻上辗转呜咽的深夜去了。

我坐到八点钟要走了,他自己穿上大氅要送我到门口。我因他病刚好,夜间风大,不让他送我,他很难受,我也只好依他。他和我在那辉亮的路灯下走过时,我看见他那苍白的脸、颓丧的精神,不觉暗暗伤心!他呢,似乎什么都没有想,只低了头慢慢走着。他送我出了东交民巷,看见东长安街的牌坊,给我雇好车,他才回去。我望着他颀长的人影在黑暗中消失了,我在车上长长地呼了一口气。

就是这天夜里,我做了一个奇怪恐怖的梦。

梦见我在山城桃花潭畔玩耍,似乎我很小,头上梳着两个分开的辫子;又似乎是春天的景致,我穿着一件淡绿衫子,一个人蹲在潭水退去后的沙地上,捡寻着红的绿的好看的圆石。在这许多沙石里边,我捡着一个金戒指,翻过来看时这戒指的正面是椭圆形,里边列着两个隶字是"殉尸"!

我很吃惊,遂拿了这戒指跑到家里让母亲去看。母亲拿到手里并不惊奇,只淡淡地说:"珠!你为什么捡这样不幸的东西呢!"我似乎很了解母亲的话，心里想着这东西太离奇了，而这两个字更令人心惊！我就向母亲说：

"娘！你让我还扔在那里去吧。"

那时母亲莫有再说话，不过在她面上表现出一种忧怖之色。我由母亲手里拿了这戒指走到门口，正要揭帘出去的时候，忽然一阵狂风把帘子刮起，这时又似乎黑夜的状况，在台阶下暗雾里跪伏着一个水淋淋披头散发的女子！

我大叫一声吓醒了！周身出着冷汗，枕衣都湿了。夜静极了，只有风吹着树影在窗纱上摆动。拧亮了电灯，看看表正是两点钟。我忽然想起前些天在医院曾听天辛说过他五六年前的情史。三角恋爱的结果一个去投了海，天辛因为她的死，便和他爱的那一个也撒手断绝了关系。从此以后他再不愿言爱。也许是我的幻想罢，我希望纵然这些兰因絮果①是不能逃脱的，也愿我爱莫能助的天辛，使他有忏悔的自救吧！

我不能睡了，瞻念着黑暗恐怖的将来不禁肉颤心惊！

---

①兰因絮果：成语，比喻男女始合终离，初时美好，结局不好。

# 一片红叶

这是一个凄风苦雨的深夜。

一切都寂静了，只有雨点落在蕉叶上，淅淅沥沥令人听着心碎。这大概是宇宙的心音罢，它在这人静夜深时候哀哀地泣诉！

窗外缓一阵紧一阵的雨声，听着像战场上金鼓般雄壮，错错落落似鼓桴敲着的迅速，又如风儿吹乱了柳丝般的细雨，只洒湿了几朵含苞未放的黄菊。这时我握着破笔，对着灯光默想，往事的影儿轻轻在我心幕上颤动。我忽然放下破笔，开开抽屉拿出一本红色书皮的日记来，一页一页翻出一片红叶。这是一片鲜艳如玫瑰的红叶，它挟①在我这日记本里已经两个月了。往日我为了一种躲避从来不敢看它，因为它是一个灵魂孕育的产儿，同时它又是悲惨命运的纽结。谁能想到薄薄的一片红叶，里面纤织着不可解决的生谜和死谜呢！我已经是泣伏在红叶下的俘虏，但我绝不怨及它。可怜在万千飘落的枫叶里，它衔带了这样不幸的命运。我告诉你们它是怎样来的：

一九二三年十月廿六的夜里，我翻读着一本《莫愁湖志》②，有些倦意，遂躺在沙发上假睡。这时白菊正在案头开着，窗纱透进的清风把花香一阵阵吹在我脸上，我微嗅着这花香不知是沉睡，还是微醉！懒松松的似乎有许多回忆的燕儿，飞掠过心海激动着神思的颤动。我正沉恋着逝去的童年之梦，这梦曾产生了金坚玉洁的友情、不可掠夺的铁志；我想到那轻渺渺像云天飞鸿般的前途时，不自禁地微笑了！睁开眼见菊花都低了头，我忽然担心它们的命运，似乎它们已一步一步走进了坟墓，死神已悄悄张着黑翼在那里接引，我的心充满了莫名的悲绪！

大概已是夜里十点钟，小丫头过来也给我一封信，拆开时是一张白纸，拿到手里从里面飘落下一片红叶。"呵！一片红叶！"我不自禁地喊出来。怔愣了半天，用抖颤的手捡起来一看，上边写着两行字：

满山秋色关不住

一片红叶寄相思

天辛采自西山碧云寺

十月二十四日

平静的心湖，悄悄被夜风吹皱了，一波一浪汹涌着像狂风统治了的大海。我伏在案上静静地想，马上许多的忧愁集在我的眉峰。我真未料到一个平常的相识，竟对我有这样一番不能抑制的热情。只是我对不住他，我不能受他的红叶。为了我的素志，我不能承受它，承受了我怎样安慰他；为了我没有一颗心给他，承受了如何忍欺骗他。我即使不为自己设想，但是我怎能不为他设想。因之我陷入如焚的烦闷里。

在这黑暗阴森的夜幕下，窗下蝙蝠飞掠过的声音，更令我觉着战栗！我揭起窗纱见月华满地，斑驳的树影，死卧在地下不动，特别现出宇宙的清冷和幽静。我遂添了一件夹衣，推开门走到院里，迎面一股清风已将我心胸中一切的烦念吹净。无目的走了几圈后，遂坐在茅亭里看月亮。那凄清皎洁的银辉，令我对世界感到了空寂。坐了一会，我回到房里蘸饱了笔，在红叶的反面写了几个字是：

"枯萎的花篮不敢承受这鲜红的叶儿。"

仍用原来包着的那张白纸包好，写了个信封寄还他。这一朵初开的花蕾，马上让我用手给揉碎了。为了这事他曾感到极度的伤心，但是他并未因我的拒绝而中止。他死之后，我去兰辛那里整理他箱子内的信件，那封信忽然又发现③在我眼前！拆开红叶依然，他和我的墨泽都依然在上边，只是中间裂了一道缝，红叶已枯干了。我看见它心中如刀割，虽然我在他生前拒绝了不承受的，在他死后我觉着这一片红叶，就是他生命的象征。上帝允许我的祈求罢！生前拒绝了他的我，在他死后依然承受他，红叶纵然能去了又来，但是他呢！是永远不能回来了，只剩了这一片志恨千古的红叶，依然无恙地伴着我。当他抖颤地用手捡起它寄给我时的心情，愿永远留在这鲜红的叶里。

---

①"挟"应为"夹"。②清光绪年间刊本，介绍南京莫愁湖的历史文化。③结合上下文，应为"出现"。

# 象牙戒指

记得那是一个枫叶如荼、黄花含笑的深秋天气，我约了晶清去雨华春吃螃蟹。晶清喜欢喝几杯酒，其实并不大量，仅不过想效颦一下诗人名士的狂放。雪白的桌布上陈列着黄赭色的螃蟹，玻璃杯里斟满了玫瑰酒。晶清坐在我的对面，一句话也不说，一杯杯喝着，似乎还未曾浇洒了她心中的块垒。我执着杯望着窗外，驰想到桃花潭畔的母亲。正沉思着，忽然眼前现出茫洋的大海，海上漂着一只船。船头站着激昂慷慨，愿血染了头颅矢志为主义努力的英雄！

在我神思飞越的时候，晶清已微醉了。她两腮的红采，正照映着天边的晚霞；一双惺忪似初醒时的眼，注视着我执着酒杯的手。我笑着问她：

"晶清！你真醉了吗？为什么总看着我的

酒杯呢？"

"我不醉，我问你什么时候戴上那个戒指，是谁给你的？"

她很郑重地问我。

本来是件极微小的事吧！但经她这样正式的质问，反而令我不好开口。我低了头望着杯里血红潋滟的美酒，呆呆地不语。晶清似乎看出我的隐衷，她又问我道：

"我知道是辛寄给你的吧！不过为什么他偏要给你这样惨白枯冷的东西？"

我听了她这几句话后，眼前似乎轻掠过一个黑影，顿时觉着桌上的杯盘都旋转起来，眼光里射出无数的银线。我晕了，晕倒在桌子旁边！晶清急忙跑到我身边扶着我。过了几分钟，我神经似乎复原。我抬起头又斟了一杯酒喝了，我向晶清说：

"真的醉了！"

"你不要难受，告诉我你心里的烦恼。今天你一来我就看见你戴了这个戒指，我就想一定有来由，不然你绝不戴这些装饰品的，尤其这样惨白枯冷的东西。波微！你可能允许我脱掉它，我不愿意你戴着它。"

"不能，晶清。我已经戴了它三天了，

我已经决定戴着它和我的灵魂同在，原谅我朋友！我不能脱掉它。"

她的脸渐渐变成惨白，失去了那酒后的红采，眼里包含着真诚的同情，令我更感到凄伤！她为谁呢！她确是为了我，为了我一个光华灿烂的命运，轻轻地束在这惨白枯冷的环内。

天已晚了，我遂和晶清回到学校。我把天辛寄来象牙戒指的那封信给她看，信是这样写的：

"……我虽无力使海上无浪，但是经你正式决定了我们命运之后，我很相信这波涛山立狂风统治了的心海，总有一天风平浪静，不管这是在千百年后，或者就是这握笔的即刻；我们只有候平静来临、死寂来临，假如这是我们所希望的。容易丢去了的，便是兢兢然恋守着的；愿我们的友谊也和双手一样，可以紧紧握着的，也可以轻轻放开。宇宙作如斯观，我们便毫无痛苦，且可与宇宙同在。

"双十节商团袭击，我手曾受微伤。不知是幸呢还是不幸，流弹洞穿了汽车的玻璃，而我能坐在车里不死！这里我还留着几块碎玻璃，见你时赠你做个纪念。昨天我忽然很早起来跑到店里购了两个象牙戒指，一个大点的我自己戴在手上，一个小的我寄给你，愿你承受了它。或许你不忍吧！再令它如红叶一样的命运。愿我们用'白'来纪念这枯骨般死静的生命……"

晶清看完这信以后，她虽未曾再劝我脱掉它，但是她心里很难受。有时很高兴时，她触目我这戒指，会马上令她沉默无语。

这是天辛未来北京前一月的事。

他病在德国医院时，出院那天我曾给他照了一张躺在床上的相，两手抚胸，很明显的便是他右手那个象牙戒指①。后来他死在协和医院，尸骸放在冰室里，我走进去看他的时候，第一触目的又是他右手上的象牙戒指。他是戴着它一直走进了坟墓。

①这对象牙戒指是高君宇与石评梅生死恋的证物。

# 最后的一幕

人生骑着灰色马和日月齐驰，在尘落沙飞的时候，除了几点依稀可辨的蹄痕外，遗留下什么？如我这样整天整夜地在车轮上回旋，经过荒野，经过闹市，经过古庙，经过小溪；但那鸿飞一掠的残影又遗留在哪里？在这万象变幻的世界，在这表演一切的人们，我听着哭声笑声歌声琴声，看着老的少的俊的丑的，都感到了疲倦。因之我在众人兴高采烈、沉迷醺醉、花香月圆时候，常愿悄悄地退出这妃色幕帏的人间，回到我那凄枯冷寂的另一世界。那里有唯一指导我、呼唤我的朋友，是谁呢？便是我认识了的生命。

朋友们！我愿你们仔细咀嚼一下，那盛筵散后，人影零乱、杯盘狼藉的滋味；绮梦醒来，人去楼空、香渺影远的滋味；禁得住你不深深地呼一口气，禁得住你不流泪吗？我自己常怨恨我愚傻——或是聪明，将世界的现在和未来部分析成只有秋风枯叶，只有荒冢白骨，虽然是花开红紫，叶浮碧翠，人当红颜，景当美丽时候。我是愈想超脱愈自沉溺，愈要撒手愈自系恋的人，我的烦恼便绞锁在这不能解脱的矛盾中。

今天一个人在深夜走过街头，每家都悄悄紧闭着双扉，就连狗都蜷伏在墙根或是门口酣睡，一切都停止了活动归入死寂。我驱车经过桥梁，望着护城河两岸垂柳，一条碧水，星月灿然照着，景致非常幽静。我想起去年秋天天辛和我站在这里望月，恍如目前的情形而人天已隔，我不自禁的热泪又流到腮上。

"珠①！什么时候你的泪水流完呢？"这是他将死的前两天问我的一句话。这时我仿佛余音犹缭绕耳畔，我知他遗憾的不是他的死，确是我的泪！他的坟头在雨后忽然新生了一株秀丽的草，也许那是他的魂，也许那是我泪的结晶！

我最怕星期三，今天偏巧又是天辛死后第十五周的星期三。星期三是我和辛最后一面，他把人间一切的苦痛烦恼都交付给我的一天。唉！上帝！容我在这明月下忏悔罢！十五周前的星期三，我正伏在我那形销骨立枯瘦如柴的朋友床前流泪！他的病我相信能死，但我想到他死时又觉着不会死。可怜我的泪滴在他炽热的胸膛时，他那深凹的眼中也涌出将尽的残泪，他紧嚼着下唇握着我的手抖颤，半天他才说：

"珠！什么时候你的泪才流完呢！"

我听见这话更加哽咽了，哭得抬不起头来，他掉过头去不忍看我，只深深地将头埋在枕下。后来我扶起他来，喂了点橘汁，他睡下后说了声："珠！我谢谢你这数月来的看护……"底下的话他再也说不出来，只瞪着两个凹陷的眼望着我。那时我真觉怕他，浑身都出着冷汗。我的良心似乎已轻轻拨开了云翳，我跪在他病榻前最后向他说：

"辛，你假如仅仅是承受我的心时，现在我将我这颗心双手献在你面前，我愿它永久用你的鲜血滋养，用你的热泪灌溉。辛，你真的爱我时，我知道你也能完成我的主义，因之我也愿你为了我牺牲，从此后我为了爱独身的，你也为了爱独身。"

他抬起头来紧握住我手说：

"珠！放心。我原谅你，至死我也能了解

你，我不原谅时我不会这样缠绵地爱你了。但是，珠！一颗心的颁赐，不是病和死可以换来的，我也不肯用病和死，换你那颗本不愿给的心。我现在并不希望得你的怜恤同情，我只让你知道世界上有我是最敬爱你的。我自己呢，也曾爱过一个值得我敬爱的你。珠！我就是死后，我也是敬爱你的，你放心！"

他说话时很（有）勇气，像对着千万人演说时的气概，我自然不能再说什么话，只默默地低着头垂泪！

这时候一个俄国少年进来，很诚恳地半跪着在他枯蜡似的手背上吻了吻，掉头他向我默望了几眼，辛没有说话只向他惨笑了一下。他向我低低说：

"小姐！我祝福他病愈。"说着戴上帽子匆匆忙忙地去了。这时他的腹部又绞痛得厉害，在床上滚来滚去地呻吟，脸上苍白得可怕。我非常焦急，去叫他弟弟的差人还未见回来，叫人打电话请兰辛也不见回话，那时我简直呆了，只静静地握着他焦炽如焚的手垂泪！过没有一会弟弟来了，他也莫有和他多说话，只告他腹疼得厉害。我坐在椅子上面开开抽屉无聊地乱翻，看见上星期五的他那封家书，我又从头看了一遍。他忽掉头向我说：

"珠！真的我忘记告你了，你把它们拿去好了，省得你再来一次检收。"

我听他话真难受，但怎样也想不到星期五果然去检收他的遗书。他也真忍心在他决定要死的时候，亲口和我说这些诀别的话。那时我总想他在几次大病的心情下，不免要这样想，但未料到这就是最后的一幕了。我告诉静弟送他进院的手续，因为学校下午开校务会我须出席，因之我站在他床前说了声："辛！你不用焦急，我已告诉静弟马上送你到协和去。学校开会我须去一趟，有空我就去看你。"那时我真忍心，也莫有再回头看他就走了。假如我回头看他时，我一定能看见他对我末次目送的惨景。

呵！这时候由天上轻轻垂下这最后的一幕！

他进院之后兰辛打电话给我，说是急性盲肠炎，已开肚了。开肚最后的决定，兰辛还有点踌躇，他笑着拿过笔自己签了字，还说："开肚怕什么？你也这样伤脑筋。"兰辛怕我见了他再哭，令他又难过，因之，他说过一二天再来看他。哪知就在兰辛打电话给我的那晚上就死了。

死时候莫有一个人在他面前，可想他死时候的悲惨！他虽然莫有什么不放心在这世界上，莫有什么留恋在这世界上，但是假如我在他面前或者兰辛在面前时，他总可瞑目而终，不至于让他睁着眼等着我们。

①石评梅的乳名为元珠。"珠"是高君宇对石评梅的爱称。

# 缄情寄向黄泉

我如今是更冷静、更沉默地挟着过去的遗什去走向未来的。我四周有狂风，然而我是掀不起波澜的深潭；我前边有巨涛，然而我是激不出声响的顽石。

颠沛搏斗中我是生命的战士，是极勇敢、极郑重、极严肃地向未来的城垒进攻的战士。我是不断地有新境遇，不断地有新生命的；我是为了真实而奋斗，不是追逐幻象而疲奔的。

知道了我的走向人生的目标。辛①，一年来我虽然有不少的哀号和悲忆，你也不须为生的我再抱遗恨和不安。如今我是一道舒畅平静向大海去的奔流，纵然缘途在山峡巨谷中或许发出凄痛的鸣咽！那只是积沙岩石漩涡冲击的原因，相信它是会得到平静的，会得到创造真实生命的愉快的，它是一直奔到大海去的。

辛！你的生命虽不幸早被腐蚀而夭逝，不

过我也不过分地再悼感你在宇宙间曾存留的幻体。我相信只要我自己生命闪耀存在于宇宙一天，你是和我同在的。辛！你要求于人间的，你希望于我自己的，或许便是这些罢！

深刻的情感是受过长久的理智的熏陶的，是由深谷底潜流中一滴一滴渗透出来的。我是投自己于悲剧中而体验人生的，所以我便牺牲人间一切的虚荣和幸福，在这冷墟上、你的坟墓上，培植我用血泪浇洒的这束野花来装饰点缀我们自己创造下的生命。辛！除了这些我不愿再告你什么，我想你果真有灵，也许赞助我一样的努力。

一年之后，世变几迁，然而我的心是依然这样平静冷寂的，抱持着我理想上的真实而努力。有时我是低泣，有时我是痛哭。低泣，你给予我的死寂；痛哭，你给予我的深爱。然而有时我也很快乐，我也很骄傲。我是睥视世人微微含笑，我们的圣洁的高傲的孤清的生命是巍然峙立于皑皑的云端。

生命的圆满，生命的圆满，有几个懂得生命的圆满？那一般庸愚人的圆满，正是我最避忌恐怖的缺陷。我们的生命是肉体和骨头吗？假如我们的生命是可以毁灭的幻体，那么，辛！我的这颗迂回潜隐的心，也早应随你的幻体而消逝。我如今认识了一个完成的圆满生命是不能消灭、不能丢弃、不能忘记，换句话说，就是永远存在。多少人都希望我毁灭、丢弃、忘记，把我已完成的圆满生命抛去。我终于不能，才知道我们的生命并未死，仍然活着，向前走着，在无限的高处创造建设着。

我相信你的灵魂，你的永远不死的心，你的在我心里永存的生命，是能鼓励我、指示我、安慰我，（在）这孤寂凄清的旅途。我如今是愿挑上这副担子走向遥远的、黑暗的、荆棘的生到死的道上。一头我挑着已有的收获，一头我挑着未来的耕耘，这样一步一步走向无穷的。

自你死后，我便认识了自己，更深地了解自己。同时朋友中是贤最知道我，他似乎这样说过：

"她生来是一道大江，你只应疏凿沙石让她舒畅地流入大海，断不可堵塞江口，把水引去点缀帝王之家的宫殿楼台。"

辛！应该感谢他！他自从由法华寺归路上我晕绝后救护起，一直到我找到了真实生命，他都是启示我，指导我，帮助我，鼓励我。由积沙岩石的漩涡波涌中，把我引上了坦平的海道。如今，我能不怨愤，不悲哀，没有沉重的苦痛永远缠绕的，都是因为我已有了奔流的河床。只要我平静地舒畅地流呵，流呵，流到一个归宿的地方去，绝无一种决堤泛滥之灾来阻挠我。

辛！你应感谢他！你所要在死后希望我要求我努力的前途，都是你忠诚的朋友，他一点一滴地汇聚下伟大的河床，帮助我移我的泉水在上边去奔流，无阻碍奔向大海去的。像我目下这样夜静时的心情，能这样平淡地写这封信给你，你也会奇怪我罢！我已不是从前呜咽哀号、颓丧消沉的我；我是沉默深刻，容忍含蓄一切人间的哀痛，而努力去寻求生命的真确的战士。

我不承认这是自骗的话。因为我的路是这样自然、这样平坦地走去的。放心！你别我一年多，而我能这般去辟一个理想的乐园，也许是你惊奇的罢！

你一定愿意知道一点，关于弟弟的消息，前三天我忽然接到他一封信，他现在是被你们那古旧的家庭囚闭着，所以他已失学一年多了。这种情形，自然你会伤感的，假如你要活着，他绝对不能受这样的苦痛，因为你是能帮助他脱却一切桎梏而创造新生命的。如今他极愤激，和你当日同你家庭暗斗的情形一样。而我也很相信静弟是能觅到他的光明的前途的，或者你所企望的一切事业志愿，他都能给你在圆满地完成。他的信是这样说的：

"自别京地回家之后，实望享受几天家庭的乐趣，以慰我一年来感受了的苦痛。谁知我得到的，是无限量的烦恼！

"我回来的时候，家中已决定令我废学，及我归后，复屡次向我表示斯旨，我虽竭词解释，亦无济于事。

"读姊来信，说那片荒凉的境地，也被践踏蹂躏而不得安静，我更替我黄泉下的哥哥愤激！不料一年来的变迁，竟有如斯其悲惨！

"一切境遇，一切遭逢，皆足以使人伤心掉泪！

"我希望于家庭的，是要藉得他来援助完成我的志愿、我的事业；但家庭则不然。他使我远近游学的一点心迹，是希望我猎得一些禄位金钱来荣祖墓家风。这些事我们青年人看起来，就是头衔金银冠里满身，那也算不了什么稀奇的光荣！我每想到环境的压迫，恒愿一死为快。但是到了死的关头，好像又有许多不忍的观念来掣肘似的。我不愿死，我死固不足惜；但我死而一切该死的人不能竟行死去。我将以此不死的躯骸，向着该死的城垒进攻！

"我现在的希望已绝，但我仍流连不忍即离去者，实欲冀家庭之能有一时觉悟，如我心愿亦未可定！知或不然，我将决于明年为行期，毅然决然地要离开他、远避他，和他行最后决裂的敬礼。"

愿你勿为了一切黑暗的、荆棘的环境愁烦！我们从生到死的途径上，就像日的初升，纵然有时被浮云遮蔽，仍然是要继续发光的。

我们走向前去吧！我们走向前去吧！环境的阻挠在我们生命的途中，终于是等若浮云。

辛！是残月深更，在一个冷漠枯寂的初冬之夜，我接读静弟这封依稀是你字迹、依稀是你语句的信。久不流的酸泪又到了眶边，我深深地向你遗像叹息！记得静弟未离京时，他曾告过贤以他将来前途的黯淡，他那时便决心要和家庭破裂。是我和贤婉劝他，能用善良的态度去感化而有效时，千万不要和家庭破裂。因为思想的冲突，是环境时代不同时差别之争。

应该原谅老年人们的陈腐思想，是一时代中的产物，并不是他对于子女有意对垒似的向你宣战。因之，能辗转委婉去和家庭解释，令他能觉悟到什么是现代青年人应做的工作、自我的警策。令他知道我们青年人，绝对再不能为古旧的家庭或社会做涂饰油彩的机械傀儡。父母年老，假如一旦你的消息泄漏，静弟再远走愤去，那你们家庭的惨淡、黑暗、悲痛，定连目下都不如，这也不是你的愿意和静弟的希望罢！所以我一直都系念着静弟，那最后决裂的敬礼。

认识我们，和我们要好的朋友，现在大半都云散四方，去创造追求各个的生命希望去了。只有你的贤哥，和我的晶妹，还在这块你埋骨的地方，伴着你。朋友们都离京后，时局也尽在幻变，陷入死境，要找寻前两年的那种环境和兴趣已不可得，所以连你坟头都那样凄寂。去年那些小弟弟们，知道你未曾见过你的朋友们，他们都是常常在你的墓畔喝酒野餐、痛哭高歌的。帮助我建碑种树修墓的都是他们。如今，连这个梦也闭幕了。你墓头不再有那样欢欣、那样热闹的聚会了。他们都走向远方去了。

自从那块地方驻兵后，连我都不敢常去。任你墓头变成了牧场，牛马践踏蹂躏了你的墓砖，吃光了环绕你墓的松林，那块白石的墓碑上有了剥蚀的污秽的伤痕。我们不幸在现代做人受欺凌不能安静，连你做鬼的坟茔都要受意外的灾劫，说起来真令人愤激万分。辛！这世界，这世界，四处都是荆棘，四处都是刀兵，四处都是喘息着生和死的呻吟，四处都洒滴着血和泪的遗痕。我是撑着这弱小的身躯，投入在这腥风血雨中搏战着走向前去的战士，直到我倒毙在旅途上为止。

我并不感伤一切既往，我是深谢着你是我生命的盾牌，你是我灵魂的主宰。从此我是自在的流，平静的流，流到大海的一道清泉。辛！一年之后，我在辗转哀吟、流连痛苦之中，我能告诉你的，大概只有这些话。你永久的沉默死寂的灵魂呵！我致献这一篇哀词于你吐血的周年这天。

十五年十一月十八日

---

① "辛"是石评梅对高君宇的爱称。

# 狂风暴雨之夜

该记得罢！泰戈尔①到北京在城南公园雩坛②见我们的那一天，那一天是十三年四月二十八号的下午，就是那夜我接到父亲的信，寥寥数语中，告诉我说道周死了！当时我无甚悲伤，只是半惊半疑地沉思着。第二天我才觉到难过，令我什么事都不能做。她那活泼的倩影，总是在我眼底心头缭绕着。第三天便从学校扶病回来，头疼吐血，遍体发现许多红斑，据医生说是猩红热。

我那时住在寄宿舍里院的一间破书斋，房门口有株大槐树，还有一个长满茅草、荒废倾斜的古亭。有月亮的时候，这里别有一种描画不出的幽景。不幸扎挣在旅途上的我，便倒卧在这荒斋中，一直病了四十多天。在这冷酷、黯淡、凄伤、荒凉的环境中，我在异乡漂泊的病榻上，默咽着人间一杯一杯的苦酒。那时我很愿因此病而撒手，去追踪我爱的道周。在病危时，连最后寄给家里、寄给朋友的遗书，都预备好放在枕边。病中有时晕迷，有时清醒，清醒时便想到许多人间的纠结，已记不清楚了，似乎那令我病的原因，并不仅仅是道周的死。

在这里看护我的起初有小苹，她赴沪后，只剩了一个女仆，幸好她对我很忠诚，像母亲一样抚慰我、招呼我。来看我的是晶清和天辛，自然还有许多别的朋友和同乡。病重的那几天，我每天要服三次药。有几次夜深了，天辛跑到极远的街上去给我配药。在病中，像我这只身飘零在异乡的人，举目无亲，无人照管；能有这样忠诚的女仆、热心的朋友，真令我感激涕零了！虽然，我对于天辛还是旧日态度，我并不因感激他而增加我们的了解，消除了我们固有的隔膜。

有一天我病得很厉害，晕迷了三个钟头未曾醒，女仆打电话把天辛找来。那时正是黄昏时候，院里屋里都罩着一层淡灰的黑幕，沉寂中更显得凄凉，更显得惨淡。我醒来，睁开眼，天辛跪在我的床前，双手握着我的手，垂他的头在床缘；我只看见他散乱的头发，我只觉他的热泪濡湿了我的手背。女仆手中执着一盏半明半暗的烛，照出她那悲愁恐惧的面庞站在我的床前！这时候，我才认识了真实的同情，不自禁地眼泪流到枕上。我掉转脸来，扶起天辛的头，我向他说："辛！你不要难受，我不会这容易地死去。"自从这一天，我忽然觉得天辛命运的悲惨和可怜，已是由他自己的祭献而交付于上帝，这哪能是我弱小的力量所能挽回。因此，我更害怕，我更回避，我是万不能承受他这颗不应给我而偏给我的心。

正这时候，他们这般人，不知怎样惹怒了一位国内的大军阀，下了密令指明地逮捕他们，天辛也是其中之一。因为我病，这事他并未先告我，我二十余天不看报，自然也得不到消息。

有一夜，我扎挣起来在灯下给家里写信，告诉母亲我曾有过点小病如今已好的消息。这时窗外正吹着狂风，震撼得这荒斋像大海汹涌中的小舟。树林里发出极响的啸声，我恐怖极了，想象着一切可怕的景象，觉着院外古亭里有无数的骷髅在狂风中舞蹈。少时，又增了许多点滴的声音，窗纸现出豆大的湿痕。我感到微寒，加了一件衣服，我想把这封信无论如何要写完。

抬头看钟正指到八点半，忽然听见沉重的履声和说话声，我惊奇地喊女仆。她推门进来，后边还跟着一个男子，我生气地责骂她，是谁何不通知我便引进来。她笑着说"是天辛先生"，我站起来细看，真是他，不过他是化装了，简直认不出是谁。我问他为什么装这样子，而且这时候狂风暴雨跑来，他又苦笑着不理我。

半天他才告我杏坛已捕去了数人，他的住处现尚有游警队在等候着他，今夜是他冒了大险特别化装来告别我，今晚十一时他即乘火车逃逸。我病中骤然听见这消息，自然觉得突兀，而且这样狂风暴雨之夜，又来了。

窗外的白雪照着玻璃上美丽的冰纹，映着房中熊熊的红炉，我散着头发立在妆台前沉思，这时我由生的活跃的人间，想到死的冷静的黄泉。

这样天气，坐在红炉畔，饮着醇香的清茶，吃着花生、瓜子、栗子一类的零碎，读着喜欢看的书，或和知心的朋友谈话，或默默无语独自想着旧梦，手里织点东西，自然最舒适了。我太矫情！偏是迎着寒风，扑着雪花，向荒郊野外、乱坟茔中独自去徘徊。

我是怎样希望我的生命，建在美的、冷的、静的基础上。因之我爱冬天，尤甚冬天的雪和梅花。如今，往日的绮梦，往日的欢荣，都如落花流水一样逝去，幸好还有一颗僵硬死寂的心，尚能在寒风凄雪里抖颤哀泣。于是我抱了这颗尚在抖颤、尚在哀号的心，无目的迷惘中走向那一片冰天雪地。

到了西单牌楼扰攘的街市上，白的雪已化成人们脚底污湿的黑泥。我抬头望着模糊中的宣武门，渐渐走近了，我看见白雪遮罩着红墙碧瓦的城楼。门洞里正过着一群送葬的人，许多旗牌执事后面，随着大红缎罩下黑漆的棺材，我知道这里面装着最可哀最可怕的"死"！棺材后是五六辆驴车，几个穿孝服的女人正在轻轻地抽噎着哭泣！这刹那间的街市是静穆严肃，除了奔走的车夫、推小车买蔬菜的人们外，便是引导牵系着这沉重的悲哀，送葬者的音乐，在这凄风寒雪的清晨颤荡着。

凄苦中我被骆驼项下轻灵灵的铃声唤醒！车已走过了门洞，到了桥梁上。我望着两行枯柳夹着的冰雪罩了的护城河。这地方只缺少一个月亮，或者一颗落日便是一幅疏林寒雪。

雪还下着，寒风刮得更紧，我独自驱车去陶然亭。

在车上，我想到十四年正月初五那天，也是我和天辛在雪后来游陶然亭，是他未死前两个月的事。说起来太伤心，这次是他自己去找墓地。我不忍再言往事，过后他有一封信给我，是这样写的：

珠！昨天是我们去游陶然亭的日子，也是我们历史上值得纪念的日子。我们的历史一半写于荒斋，一半写于医院，我希望将来便完成在这里。珠！你不要忘记了我的嘱托，并将一切经过永远记在心里。

我写在城根雪地上的字，你问我："毁掉吗？"随即提足准备去踏；我笑着但是十分勉强地说："踏去吧！"虽然你并未曾真的将它踏掉，或者永远不会有人去把它踏掉；可是在你问我之后，我觉着我写的那"心珠"好像正开着的鲜花，忽然从枝头落在地上，而且马上便萎化了！我似乎亲眼看见那两个字于一分钟内，由活体立变成僵尸；当时由不得感到自己命运的悲惨，并有了一种送亡的心绪！所以到后来橘瓣落地，我利其一双成对，故用手杖掘了一个小坑埋入地下，笑说："埋葬了我们吧！"我当时实在是祷告埋葬了我那种悼亡的悲绪。我愿我不再那样易感，那种悲绪的确是已像橘瓣一样地埋葬了。

我从来信我是顶不成的，可是昨天发现有时你比我还不成。当我们过了葛母墓地往南走的时候，我发觉你有一种悲哀感触，或者因为我当时那些话说得令人太伤心了！唉！想起了，"我只合独葬荒丘"的话来，我不由得低着头叹了一口气。你似乎注意全移到我身上来笑着唤："回来吧！"我转眼看你，适才的悲绪已完全消失了。就是这些不知不觉的转移，好像天幕之一角，偶然为急风吹起，使我得以窥见我的宇宙的隐秘，我的心意显着有些醉了。后来吃饭时候，我不过轻微地咳嗽了两下，你就那么着急起来；珠！你知道这些成就得一个世界是怎样伟大么？你知道这些更使一个心贴伏在爱之渊底吗？

在南下洼我持着线球，你织着绳衣，我们一边走一边说话，太阳加倍放些温热送回我们；我们都感谢那样好的天气，是特为我们出游布置的。吃饭前有一个时候，你低下头织衣，我斜枕着手静静地望着你。那时候我脑际萦绕着一种绮思，我想和你说；但后来你抬起头来看了看我，我没有说什么，只拉着你的手腕紧紧握了一下。这些情形和苏伊士梦境归来一样，我永永远远不忘它们。

命运是我们手中的泥，我们将它团成什么样子，它就得成什么样子；别人不会给我们命运，更不要相信空牌位子前竹签洞中瞎碰出来的黄纸条儿。

我病现已算好，哪能会死呢！你不要常那样想。

两个月后我的恐怖悲哀实现了，他由活体变成僵尸！四个月后他的心愿达到了，我真的把他送到陶然亭畔，葛母墓旁那块他自己指给我的草地上埋葬。

我们一切都像预言，自己布下凄凉的景，自己去投入排演。如今天辛算完了这一生，只剩我这漂泊的生命，尚在扎挣颠沛之中，将来的结束，自然是连天辛都不如的悲惨。

车过了三门阁，便有一幅最冷静最幽美的图画展在面前，那坚冰寒雪的来侵令我的心更冷更僵连抖战都不能。下了车，在这白茫茫一片无人践踏、无人经过的雪地上伫立不前。假如我要走前一步，白云里便要留下污黑的足痕，并且要揭露许多已经遮掩了的缺陷和恶迹。

我低头沉思了半晌，才鼓着勇气踏雪过了小桥，望见挂着银花的芦苇，望见隐约一角红墙的陶然亭，望见高峰突起的黑窑台，望见天辛坟前的白玉碑。我回顾零乱的足印，我深深地忏悔，我是和一切残忍冷酷的人类一样。

我真不能描画这个世界的冷静、幽美，我更不能形容我踏入这个世界是如何地冷静、如何地幽美。这是一幅不能画的画，这是一首不能写的诗，我这样想。一切轻笼着白纱，浅浅的雪遮着一堆一堆凸起的孤坟，遮着多少当年红颜皎美③的少女，和英姿豪爽的英雄，遮着往日富丽的欢荣，遮着千秋遗迹的情爱，遮着苍松白杨，遮着古庙芦塘，遮着断碣残碑，遮着人们悼亡时遗留在这里的悲哀。

洁白凄冷围绕着我，白坟、白碑、白树、白地，低头看我白围巾上却透露出黑的影来。寂静得真不像人间，我这样毫无知觉地走到天辛墓前。我抱着墓碑，低低唤着他的名字，热的泪融化了我身畔的雪，一滴一滴落在雪地，和着我的心音哀泣！天辛！你哪能想到一年之后，你真的埋葬在这里，我真能在这寒风凛冽、雪花飞舞中，来到你坟头上吊你！天辛！我愿你先知，你应该怎样难受呢！怕这迷漫无际的白雪，都要化成激滟生波的泪湖。

我睁眼四望，要寻觅我们一年前来到这里的遗痕。我真不知，现在是梦，还是过去是梦？天辛！自从你的生命如彗星一闪般陨坠之后，这片黄土便成了你的殡宫。从此后呵！永永远远再看不见你的顾影，再听不见你音乐般的语声！

雪下得更紧了，一片一片落到我的襟肩，一直融化到我心里；我愿雪把我深深地掩埋，深深地掩埋在这若干生命归宿的坟里。寒风吹着，雪花飞着，我像一座石膏人形一样矗立在这荒郊孤冢之前，我昂首向苍白的天宇默祷。这时候我真觉空无所有，亦无所恋，生命的灵焰已渐渐地模糊，忘了母亲，忘了一切爱我怜我同情我的朋友们。

正是我心神宁静得如死去一样的时候，芦塘里忽然飞出一对白鸽，落到一棵松树上。我用哀怜的声音告诉它，告诉它不要轻易泄漏了我这悲哀，给我的母亲，和一切爱我怜我同情我的朋友们。

我遍体感到寒冷僵硬，有点抖颤了！那边道上走过来一个银须飘拂、道貌巍然的老和尚，一手执着伞，一手执着念珠，慢慢地到这边来。我心里忽然一酸，因为这和尚有几分像我故乡七十岁的老父。他已惊破我的沉寂，我知此地不可再久留。我用手指在雪罩了的石桌上写了"我来了"三个字，我向墓再凝视一度，遂决然地离开这里。

归途上，我来时的足痕已被雪遮住。我空虚的心里，忽然想起天辛在病榻上念《茵梦湖》：

"死时候呵！死时候，我只合独葬荒丘！"

十五年十二月六日

---

①泰戈尔（1861～1941），印度诗人，哲学家。1924年应梁启超等人之邀访华。②雩坛，古时祈雨所设的高台。北京城南公园即今先农坛。③"皎美"应为"娇美"。

# 肠断心碎泪成冰

如今已是午夜人静，望望窗外，天上只有孤清一弯新月，地上白茫茫满铺的都是雪，炉中残火已熄，只剩了灰烬，屋里又冷静又阴森。这世界呵！是我肠断心碎的世界；这时候呵！是我低泣哀号的时候。禁不住的我想到天辛，我又想把它移到了纸上。墨冻了我用热泪融化，笔干了我用热泪温润，然而天呵！我的热泪为什么不能救活冢中的枯骨，不能唤回逝去的英魂呢？这懦弱无情的泪有什么用处？我真痛恨我自己，我真诅咒我自己。

这是两年前的事了。

出了德国医院的天辛，忽然又病了，这次不是吐血，是急性盲肠炎。病状很厉害，三天工夫他瘦得成了一把枯骨，只是眼珠转动，嘴唇开合，表明他还是一架有灵魂的躯壳。我不忍再见他，我见了他我只有落泪，他也不愿再见我，他见了我他也是只有咽泪。命运既已这样安排了，我们还能再说什么，只静待这黑的幕垂到地上时，他把灵魂交给了我，把躯壳交给了死！

星期三下午，我去东交民巷看了他，便走了。那天下午兰辛和静弟送他到协和医院，院中人说要用手术割治，不然一两天一定会死！那时静弟也不在，他自己签了字要医院给他开刀，兰辛当时曾阻止他，恐怕他这久病的身躯禁受不住，但是他还笑兰辛胆小，决定后，他便被抬到解剖室去开肚。开刀后据兰辛告我，他精神很好，兰辛问他："要不要波微<sup>①</sup>来看你？"他笑了笑说："她愿意来，来看看也好。不来也好，省得她又要难过！"兰辛当天打电话告我，起始他愿我去看他，后来他又说："你暂时不去也好，这时候他太疲倦虚弱了，禁不住再受刺激，过一两天等天辛好些再去吧！省得见了面都难过，于病人不大好。"我自然知道他现在见了我是要难过的，我遂决定不去了。但是我心里总不平静，像遗失了什么东西一样，从家里又跑到红楼去找晶清，她也伴着我在自修室里转。我们谁都未曾想到他是已经快死了，应该再在他未死前去看看他。

到七点钟我回了家，心更慌了，连晚饭都没有吃便睡了，睡也睡不着。这时候我忽然热烈地想去看他，见了他我告诉他我知道忏悔了，只要他能不死，我什么都可以牺牲。心焦烦得像一个狂马，我似乎无力控羁它了。朦胧中我看见天辛穿着一套玄色西装，系着大红领结，右手拿着一枝梅花，含笑立在我面前，我叫了一声他的名字便醒了，原来是一梦。这时候夜已深了，揭开帐帷，看见月亮正照射在壁上一张祈祷的图上，显得阴森可怕极了，拧亮了电灯看看表正是两点钟。我不能睡了，我真想跑到医院去看看他到底怎样。但是这三更半夜，在人们都熟睡的时候，我黑夜里怎能去看他呢？勉强想平静下自己汹涌的心情，然而不可能，在屋里走来走去，也不知想什么。最后跪在床边哭了，我把两臂向床里伸开，头埋在床上，我哽咽着低低地唤着母亲！

我一点都未想到这时候，是天辛的灵魂最后来向我告别的时候，也是他二十九年的生命之火最后闪烁的时候，也是他四五年中刻骨的相思最后完结的时候，也是他一生苦痛烦恼最后撒手的时候。我们这四五年来被玩弄、被宰割、被蹂躏的命运醒来原来是一梦，只是这拈花微笑的一梦呵！

自从这一夜后，我另辟了一个天地，这个天地中是充满了极美丽、极悲凄、极幽静、极哀婉的空虚。

翌晨八时，到学校给兰辛打电话未通，我在白屋的静寂中焦急着，似乎等着一个消息的来临。

十二点半钟，白屋的门嘭的一声开了！进来的是谁呢？是从未曾来过我学校的晶清。她惨白的脸色，紧嚼着下唇，抖颤的声音都令我惊奇！半天才说出一句话是："菊姐有要事，请你去她那里。"我问她什么事，她又不痛快地告诉我，她只说："你去好了，去了自然知道。"午饭已开到桌上，我让她吃饭，她恨极了，催促我马上就走，那时我也奇怪为什么那样从容。昏乱中上了车，心跳得厉害，头似乎要炸裂！到了西河沿我回过头来问晶清："你告我实话，是不是天辛死了！"我是如何地希望她对我这话加以校正，哪知我一点回应都未得到，再看她时，她弱小的身躯蜷伏在车上，头埋在围巾里。一阵一阵风沙吹到我脸上，我晕了！到了骑河楼，晶清扶我下了车，走到菊姐门前，菊姐已迎出来，菊姐后面是云弟，菊姐见了我马上跑过来抱住我叫了一声："珠妹！"这时我已经证明天辛真的是死了，我扑到菊姐怀里叫了声"姊姊"便晕厥过去了。经她们再三的喊叫和救治，才慢慢醒来，睁开眼看见屋里的人和东西时，我想起来天辛是真死了！这时我才放声大哭。他们自然也是一样咽着泪，流着泪！窗外的风呼呼地吹着，我们都肠断心碎地哀泣着。

这时候又来了几位天辛的朋友，他们说五点钟入殓，黄昏时须要把棺材送到庙里去；时候已快到，要去医院要早点去。我到了协和医院，一进接待室，便看见静弟。他看见我进来时，他跑到我身边站着哽咽地哭了！我不知说什么好，也不知该怎么样哭，号啕呢还是低泣？我只侧身望着豫王府②富丽的建筑而发呆！坐在这里很久，他们总不让我进去看。后来云弟来告我，说医院想留天辛的尸体解剖，他们已回绝了，过一会便可进去看。

在这时候，我便请晶清同我到天辛住的地方，收拾我们的信件。踏进他的房子，我急跑了几步倒在他床上，回顾一周什物依然。三天前我来时他还睡在床上，谁能想到三天后我来这里收检他的遗物。记得那天黄昏我在床前喂他橘汁，他还能微笑地说声："谢谢你！"如今一切依然，微笑尚似恍如目前，然而他们都说他已经是死了，我只盼他也许是睡吧！我真不能睁眼，这房里处处都似乎现着他的影子。我在零乱的什物中，一片一片撕碎这颗心！

晶清再三催我，我从床上扎挣起来，开了他的抽屉，里面已经清理好了，一束一束都是我寄给他的信，另外有一封是他得病那晚写给我的，内容口吻都是遗书的语调。这封信的力量，才造成了我的这一生，这永久在忏悔哀痛中的一生。这封信我看完后，除了悲痛外，我更下了一个毁灭过去的决心，从此我才能将碎心捧献给忧伤而死的天辛。还有一封是寄给兰辛菊姐云弟的，寥寥数语，大意是说他又病了，怕这几日不能再见他们的话。读完后，我遍体如浸入冰湖，从指尖一直冷到心里，扶着桌子抚弄着这些信件而流泪！晶清在旁边再三让我镇静，要我勉强按压着悲哀，还要扎挣着去看他的尸体。

临走，晶清扶着我，走出了房门，我回头又仔细望望，我愿我的泪落在这门前留一个很深的痕迹。这块地是他碎心埋情的地方。这里深深陷进去的，便是这宇宙中，天长地久永深的缺陷。

回到豫王府，殓衣已预备好，他们领我到冰室去看他。转了几个弯便到了，一推门一股冷气迎面扑来，我打了一个寒战！一块白色的木板上，放着他已僵冷的尸体，遍身都用白布裹着，鼻耳口都塞着棉花。我急走了几步到他的尸前，菊姐在后面拉住我，还是云弟说："不要紧，你让她看好了。"他面目无大变，只是如蜡一样惨白，右眼闭了，左眼还微睁着看我。我抚着他的尸体默祷，求他瞑目而终，世界上我知道他再没有什么要求和愿望了。我仔细地看他的尸体，看他惨白的嘴唇，看他无光而开展的左眼，最后我又注视他左手食指上的象牙戒指，这时候，我的心似乎和沙乐美得到了先知约翰的头颅一样。我一直极庄严神肃时站着，其他的人也是都静悄悄地低头站在后面，宇宙这时是极寂静、极美丽、极惨淡、极悲哀！

---

①"波微"是高君宇给石评梅取的名字。②豫王是清代的豫亲王，豫王府在北京东城帅府园东口。在此建立了协和医院。

# 梦回寂寂残灯后

我真愿在天辛尸前多逗留一会，细细地默志他最后的容颜。我看看他，我又低头想想，想在他憔悴苍白的脸上，寻觅他二十余年在人间刻画下的残痕。谁也不知他深夜怎样辗转哀号地死去，死时是清醒，还是昏迷？谁也不知他最后怎样咽下那不忍不愿停息的呼吸？谁也不知他临死还有什么嘱托和言语？他悄悄地死在这冷森黯淡的病室中，只有浅绿的灯光、苍白的粉壁，听见他最后的呻吟，看见他和死神最后战斗的扎挣。

当我凝视他时，我想起前一星期在夜的深林中，他抖战地说："我是生于孤零，死于孤零。"如今他的尸骸周围虽然围了不少哀悼涕泣的人，但是他何尝需要这些呢！即使我这颗心的祭献，在此时只是我自己忏悔的表示，对于魂去渺茫的他又有何补益？记得一九二四年

九月二十二日他由沪去广州的船上①，有一封
信说到我的矛盾，是：

　　你中秋前一日的信，我于上船前一日接
到。此信你说可以做我唯一知己的朋友。前于
此的一信又说我们可以做以事业度过这一生的
同志。你只会答复人家不需要的答复，你只会
与人家订不需要的约束。

　　你明白地告诉我之后，我并不感到这消息
的突兀，我只觉心中万分凄怆！我一边难过的
是：世上只有吮血的人们是反对我们的，何以我
唯一敬爱的人也不能同情于我们？我一边又替我
自己难过，我已将一个心整个交给伊，何以事业
上又不能使伊顺意？我是有两个世界的：一个世
界一切都是属于你的，我是连灵魂都永禁的俘
虏；在另一个世界里，我是不属于你，更不属于
我自己，我只是历史使命的走卒。假使我要为自
己打算，我可以去做禄蠹了，你不是也不希望我
这样做吗？你不满意于我的事业，但却万分恳切
地劝勉我努力此种事业；让我再不忆起你让步于
吮血世界的结论，只悠久地钦佩你牺牲自己而鼓
舞别人的义侠精神！

　　我何尝不知道：我是南北飘零，生活日在

风波之中，我何忍使你同入此不安之状态。所以我决定：你的所愿，我将赴汤蹈火以求之；你的所不愿，我将赴汤蹈火以阻之。不能这样，我怎能说是爱你！从此我决心为我的事业奋斗，就这样飘零孤独度此一生。人生数十寒暑，死期忽忽即至，奚必坚执情感以为是。你不要以为对不起我，更不要为我伤心。

这些你都不要奇怪。我们是希望海上没有浪的，它应当平静如镜；可是我们又怎能使海上无浪？从此我已是傀儡生命了，为了你死，亦可以为了你生，你不能为了这样可傲慢一切的情形而愉快吗？我希望你从此愉快，但凡你能愉快，这世上是没有什么可使我悲哀了！

写到这里，我望望海水，海水是那样平静。好吧，我们互相遵守这些，去建筑一个富丽辉煌的生命，不管他生也好，死也好。②

这虽然是六个月前的信，但是他的环境和他的意念是不允许他自由的，结果他在六个月后走上他最后的路，他真的在一个深夜悄悄地死去了。

唉！辛！到如今我才认识你这颗迂回宛转的心，然而你为什么不扎挣着去殉你的事业，做一个轰轰烈烈的英雄，你却柔情千缕，吐丝自缚，遗我以余憾长恨在这漠漠荒沙的人间呢？这岂是你所愿？这岂是我所愿吗？当我伫立在你的面前千唤不应时候，你不懊悔吗？在这一刹那，我感到宇宙的空寂，这空寂永远包裹了我的生命；也许这在我以后的生命中，是一种平静空虚的愉快。辛！你是为了完成我这种愉快才毅然地离开我，离开这人间吗？我细细默记他的遗容，我想解答这些疑问，因之，我反而不怎样悲痛了。

终于我要离开他，一步一回首我望着陈列的尸体，咽下许多不能叙说的忧愁。装殓好后，我本想再到棺前看看他，不知谁不赞成地阻止了，我也莫有十分固执地去。

我们从医院前门绕到后门，看见门口停着一副白木棺，旁边站满了北京那些穿团花绿衫的杠夫。我这时的难过真不能形容了。这几步远的一副棺材内，装着的是人天隔绝的我的朋友，从此后连那可以细认的尸体都不能再见了，只有从记忆中心底浮出梦里拈花含笑的他、醒后尸体横陈的他。

许多朋友亲戚都立在他棺前，我和菊姐远远地倚着墙，一直望着他白木棺材上，罩了一块红花绿底的绣幕，八个穿团花绿衫的杠夫抬起来，我才和菊姐雇好车送他到法华寺③。这已是黄昏时候，他的棺材一步一步经过了许多闹市，出了哈德门向法华寺去。几天前这条道上，我曾伴着他在夕阳时候来此散步；谁也想不到几天后，我伴着他的棺材，又走这一条路。我望着那抬着的棺材，我一点也不相信这里面装着的便是我心中最畏避而终不能逃脱的"死"！

到了法华寺，云弟伴我们走进了佛堂，稍待又让我们到了一间黯淡的僧房里休息。菊姐和晶清两个人扶着我，我在这间幽暗的僧房里低低地哭泣。听见外面杠夫安置棺材的动作和声音时，我心一片一片碎了！辛！从此后你孤魂寂寞，飘游在这古庙深林，也还记得繁华的人间和一切系念你的人吗？

一阵阵风从纸窗缝里吹进，把佛龛前的神灯吹得摇晃不定，我的只影蜷伏在黑暗的墙角，战栗的身体包裹着战栗的心。晶清紧紧握着我冰冷的手，她悄悄地咽着泪。夕阳正照着淡黄的神幔。有十五分钟光景，静弟进来请我出去，我和晶清菊姐走到院里时，迎面看见天辛的两个朋友，他们都用哀怜的目光投射着我。走到一间小屋子的门口，他的棺材停放在里面，前面放着一张方桌，挂着一幅白布蓝花的桌裙，燃着两支红烛，一个铜炉中缭绕着香烟。我是走到他灵前了，我该怎样呢！我听见静弟哭着唤"哥哥"时，我也不自禁地随着他号啕痛哭！唉！这一座古庙里布满了愁云惨雾。

黑暗的幕渐渐低垂，菊姐向晶清说："天晚了，我们该回去了。"我听见时更觉伤心。日落了，你的生命和我的生命都随着沉落在一个永久不醒的梦里。今夜月儿照临到这世界时，辛！你只剩了一棺横陈；今夜月儿照临在我身上时，我只觉十年前尘恍如一梦。

静弟送我们到门前，他含泪哽咽着向我们致谢！这时晶清和菊姐都低着头擦泪！我猛抬头看见门外一片松林，晚霞照得鲜红，松林里现露出几个凸堆的坟头。我呆呆地望着。上帝呵！谁也想不到我能以这一幅凄凉悲壮的境地，做了我此后生命的背景。我指着向晶清说："你看！"她自然知道我的意思，她抚着我肩说："现在你可以谢谢上帝！"

我听见她这句话，似乎得了一种暗示的惊觉，我的悲痛不能再忍了；我靠在一棵松树上望着这晚霞松林，放声痛哭！辛！你到这时该忏悔吧！太忍心了，也太残酷了，你最后赐给我这样悲惨的境象，深印在我柔弱嫩小的心上。数年来冰雪友谊，到如今只博得隐恨千古，抚棺哀哭！辛！你为什么不流血沙场而死，你为什么不瘐毙狱中而死？却偏要含笑陈尸在玫瑰丛中，任刺针透进了你的心，任鲜血淹埋了你的身。站在你尸前哀悼痛哭你的，不是全国的民众，却是一个别有怀抱、负你深爱的人。辛！你不追悔吗？为了一个幻梦的追逐捕获，你遗弃不顾那另一世界的建设毁灭，轻轻地将生命迅速地结束，在你事业尚未成功的时候。到如今，只有诅咒我自己，我是应负重重罪戾对于你的家庭和社会。我抱恨怕我纵有千点泪，也抵不了你一滴血，我用什么才能学识来完成你未竟的事业呢！更何忍再说到我们自己心里的痕迹和环境一切的牵系！

我不解你那时柔情似水，为什么不能温暖了我心如铁？

在日落后暮云苍茫的归途上，我仿佛是上了车，以后一切知觉便昏迷了。思潮和悲情暂时得能休息，恍惚中是想在缥缈的路上去追唤逝去的前尘呢！这时候我魂去了，只留下一副苍白的面靥和未冷的躯壳卧在菊姐的床上，床前站满了我的和辛的朋友还有医生。

这时已午夜三点多钟，冷月正照着纸窗。我醒了，睁开眼看见我是在菊姐床上，一盏残灯黯然地对着我。床四周静悄悄站了许多人，他们见我睁开眼都一齐嚷道："醒了！醒了！"

我终于醒了！我遂在这醒了声中，投入到另一个幽静、冷漠、孤寂、悲哀的世界里。

---

①当时高君宇从上海去广州，担任孙中山的秘书。②这是高君宇致石评梅的情书。见前面第 13 封 1924 年 9 月 22 日的信。③法华寺，位于北京东城区（原崇文区），是北京南城的大寺庙，高君宇的停灵处。

# 墓①畔哀歌

一

我由冬的残梦里惊醒，春正吻着我的睡靥低吟！晨曦照上了窗纱，望见往日令我醺醉的朝霞，我想让丹彩的云流，再认认我当年的颜色。

披上那件绣着蛱蝶的衣裳，姗姗地走到尘网封锁的妆台旁。呵！明镜里照见我憔悴的枯颜，像一朵颤动在风雨中苍白凋零的梨花。

我爱，我原想追回那美丽的皎容，祭献在你碧草如茵的墓旁，谁知道青春的残蕾已和你一同殉葬。

## 二

假如我的眼泪真凝成一粒一粒珍珠，到如今我已替你缀织成绕你玉颈的围巾。

假如我的相思真化作一颗一颗的红豆，到如今我已替你堆集永久勿忘的爱心。

哀愁深埋在我心头。

我愿燃烧我的肉身化成灰烬，我愿放浪我的热情怒涛汹涌。天呵！这蛇似的蜿蜒，蚕似的缠绵，就这样悄悄地偷去了我生命的青焰。

我爱，我吻遍了你墓头青草在日落黄昏；我祷告，就是空幻的梦吧，也让我再见见你的英魂。

## 三

明知道人生的尽头便是死的故乡，我将来也是一座孤冢，衰草斜阳。有一天呵！我离开繁华的人寰，悄悄入葬，这悲艳的爱情一样是烟消云散，昙花一现，梦醒后飞落在心头的都是些残泪点点。

然而我不能把记忆毁灭，把埋我心墟上的残骸抛却，只求我能永久徘徊在这垒垒荒冢之间，为了看守你的墓茔，祭献那茉莉花环。

我爱，你知否我无言的忧衷，怀想着往日轻盈之梦。梦中我低低唤着你小名，醒来只是深夜长空有孤雁哀鸣！

四

黯淡的天幕下，没有明月也无星光，这宇宙像数千年的古墓；皑皑白骨上，飞动闪映着惨绿的磷花。我匍匐哀泣于此残锈的铁栏之旁，愿烘我愤怒的心火，烧毁这黑暗丑恶的地狱之网。

命运的魔鬼有意捉弄我弱小的灵魂，罚我在冰雪寒天中，寻觅那凋零了的碎梦。求上帝饶恕我，不要再残害我这仅有的生命，剩得此残躯在，容我杀死那狞恶的敌人！

我爱，纵然宇宙变成烬余的战场，野烟都腥。在你给我的甜梦里，我心长系驻于虹桥之中，赞美永生！

五

我镇天踟蹰垒垒荒冢，看遍了春花秋月不

同的风景，抛弃了一切名利虚荣，来到此无人烟的旷野，哀吟缓行。我登了高岭，向云天苍茫的西方招魂，在绚烂的彩霞里，望见了我沉落的希望之陨星。

远处是烟雾冲天的古城，火星似金箭向四方飞游！隐约地听见刀枪搏击之声，那狂热的欢呼令人震惊！在碧草萋萋的墓头，我举起了胜利的金觥，饮吧我爱，我奠祭你静寂无言的孤冢！

星月满天时，我把你遗我的宝剑纤手轻擎，宣誓向长空：愿此生永埋了英雄儿女的热情。

六

假如人生只是虚幻的梦影，那我这些可爱的映影，便是你赠予我的全生命。我常觉你在我身后的树林里，骑着马轻轻地走过去。常觉你停息在我的窗前，徘徊着等我的影消灯熄。常觉你随着我唤你的声音悄悄走近了我，又含泪退到了墙角。常觉你站在我低垂的雪帐外，哀衷地对月光而叹息！

在人海尘途中，偶然遇见个像你的人，我

停步凝视后，这颗心呵！便如秋风横扫落叶般冷森凄零！我默思我已经得到爱之心，如今只是荒草夕阳下，一座静寂无语的孤冢。

我的心是深夜梦里寒光闪灼的残月；我的情是青碧冷静、永不再流的湖水。残月照着你的墓碑，湖水环绕着你的坟，我爱，这是我的梦，也是你的梦，安息吧，敬爱的灵魂！

七

我自从混迹到尘世间，便忘却了我自己；有你的灵魂我才知是谁。

记得也是这样夜里，我们在河堤的柳丝中走过来，走过去。我们无语，心海的波浪也只有月儿能领会。你倚在树上望明月沉思，我枕在你胸前听你的呼吸。抬头看见黑翼飞来掩遮住月儿的清光，你抖颤着问我："假如这苍黑的翼是我们的命运时，应该怎样？"

我认识了欢乐，也随来了悲哀；接受了你的热情，同时也随来了冷酷的秋风。往日，我怕恶魔的眼睛凶，白牙如利刃；我总是藏伏在你的腋下趑趄不敢进。你一手执宝剑，一手扶着我践踏着荆棘的途径，投奔那如花的前程！

如今，这道上还留着你斑斑血痕，恶魔的眼睛和牙齿仍是那样凶狠。但是我爱，你不要怕我孤零，我愿用这一纤细的弱玉腕，建设那如意的梦境。

八

春来了，催开桃蕾又飘到柳梢，这般温柔慵懒的天气真使人恼！她似乎躲在我眼底有意缭绕，一阵阵风翼，吹起了我灵海深处的波涛。

这世界已换上了装束，如少女般那样娇娆。她披拖着浅绿的轻纱，蹁跹在她那（姹）紫嫣红中舞蹈。伫立于白杨下，我心如捣，强睁开模糊的泪眼，细认你墓头，萋萋芳草。

满腔辛酸与谁道？愿此恨吐向青空将天地包。它纠结围绕着我的心，像一堆枯黄的蔓草。我爱，我待你用宝剑来挥扫，我待你用火花来焚烧。

九

垒垒荒冢上，火光熊熊，纸灰缭绕，清明到了。这是碧草绿水的春郊。墓畔有白发老翁，有红颜年少，向这一抔黄土致不尽的怀忆和哀悼，云天苍茫处我将魂招；白杨萧条，暮鸦声声，怕孤魂归路迢迢。

逝去了，欢乐的好梦，不能随墓草而复生，明朝此日，谁知天涯何处寄此身？叹漂泊我已如落花浮萍，且高歌，且痛饮，拼一醉浇熄此心头余情。

我爱，这一杯苦酒细细斟，邀残月与孤星和泪共饮，不管黄昏，不论夜深，醉卧在你墓碑旁，任霜露侵凌罢！我再不醒。

①指北京陶然亭公园内高君宇墓。

# 遗　稿①

①石评梅病逝后，她的好友陆晶清、庐隐等人在清理她的遗稿时，发现了她留下的一些残缺稿件，有些可能她自己也不甚满意。然为了"同情她的作品的读者所愿意见到的"，也为了纪念，她们便把这些整理，分期发表在当时的《世界日报·蔷薇周刊》上。本部分选收了四篇：《凄其风雨夜》《寄露沙》《我沉沦在苦忆中》《我永远没有明天》。

# 凄其风雨夜

已是小春天气，但为何却这般秋风秋雨？昨夜接读了贤的信，又增加我不少的烦闷。可怜我已是枯萎的残花了，偏还要受尽风雨的欺凌。

这几夜在雨声淅沥中，我是整夜地痛哭。伴我痛哭的是孤灯，看我痛哭的只有案头陈列着的宇的遗像。唉，我每想到宇时，就恨不立即死去！死去，完成我们生前所遗憾的。至少，我的魂儿可以伴着宇的魂在月下徘徊，在花前笑语；我可以紧紧地握着他的手，我可以轻轻地吻他的唇。宇，世界上只有他才是我的忠诚的情人，只有他才是我的灵魂的保护者。当他的骨骸陈列在我眼前时我才认识了他，认识他是伟大的一个殉情的英雄！

而今，我觉得渺渺茫茫去依附谁？去乞救于谁？我不愿意受到任何人的哀怜，尤其不愿接受任何人的怜爱；我只想死，我想到自杀，就我自杀的时候，也要选个更深人静、万籁俱寂的辰光。

今天下午我冒雨去女师大①看小鹿，在琴室里遇见玉薇，她说："梅！祝你的新生命如雨后嫩芽！"这是什么话呵？连她都这样不知我，可见在人间寻求个心的了解者是很难的事；不过，假如宇是为了了解我而死，那么，这死又是何等地悲惨？我也宁愿天下人都不了解我，我不愿天下人为了解而死。

红楼归来，心情十分黯淡，我展开纸，抹着泪给玉薇写这样一封短信——


玉薇：

我现在已是一个罩上黑纱的人了，我的一切都是黯淡的，都是死寂的；我富丽的生命，已经像彗星般逝去，只剩余下这将走进坟墓的皮囊，心灵是早埋葬了。

我的过去是隐痛，只可以让少数较为了解我的人知道。因为人间的同情是幻如水底月亮，自己的苦酒只好悄悄地咽下，却不必到人前去宣扬。

对于这人间我本来没有什么希望的，宇死后我更不敢在人间有所希望，我只祈求上帝容许我忏悔，忏悔着自己的过错一直到死时候。朋友，你相信我是不再向人们求爱怜与抚慰的，我要为死了的宇保存着他给我的创伤，绝不再在人们面前透露我心琴的弹唱了。

近来我的心是一天比一天死寂，一天比一天空虚，一天比一天走进我的坟墓，快了，我快要到那荒寂的旷野里去伴我那殉情的宇！

"祝你的新生命如雨后嫩芽"的话，朋友，恕我不收受，还给你罢，如今我已是秋风秋雨下被人践踏腐烂了的花瓣。

可怜的梅

宇死去已是一月了[2]，飞驰的时光割断人天是愈去愈远，上帝！请告诉我在何时何地再能见到宇？

（见《世界日报·蔷薇周刊》第九十三期，1929年1月8日，第一、二版。）

---

①北京女高师于1924年5月1日升格为国立北京女子师范大学。②本文作于1925年6月，是陆晶清保存的石评梅遗稿。

## 寄露沙①

你满接着同情心的几句话，我看了后哭了！我的泪依然还不曾流完，仍然这样汹涌、这样泛滥；我真不解为了什么这样？是我懦弱的表示吗？我是最后战死的先锋。我总算牺牲了感情让意志去杀人的女魔；我何尝真的如一般女子那么懦弱呢？

造物小儿有意弄人，使我用那极神妙奇异的心之手去杀人，同时又使我迷惘怨愤陷于自杀；朋友！幸我素量宽大，不然，经此次打击，能免于死，大概也难免于疯吧？陷入如斯命运之人，已不能拯救，而且不必拯救；你又何须为了我的颓丧而叹息呢？

往昔春花如锦的生涯，在我觉着是枯叶漂泊的命运；到如今真的到这种绝境时，我已无语能藉以比拟，才知道人间极苦痛的事是不能写不能造的。朋友！我将告诉你什么？

世界上是一条绳子系着的，我是紧缚在母亲绳上的一个小扣，我为母亲的绳子安全，我没有勇气去斩断而破坏一切的忍心；因之，我才感到生不愿而死不能的痛苦！宇的观念战胜了，我愿葬他埋他之后，我也飘然远去，不论沧海畔，深涧旁，都可以做我埋心葬骨之地。母亲的观念战胜了，又觉着以宇死后我感到的惨痛，而让我年高无依的老母去承受，我心何忍！如斯两相抵触，最后的胜利，朋友！我真不知如何判决了。

此身不死，即此心不死；此心不死，即此情更难死。从此风雨之夕，花前月下，常飘浮着我这凄清的瘦影；自然，我有时也要哽咽地唱出那悲惨哀怨像夜莺一样的曲子；假如君宇有灵，这便是我的那颗心。

人生大概是不能脱离痛苦的。如此缠绵悲惨哀艳的痛苦，是千百人中、千百年间难以遭逢的事。所以我当俯伏着向上帝的手中接受了这样特别的礼赠，我无怨言，更无怒容。

现在这种悼亡追悔的心情，是爱我的人最后留给我的纪念。因之，我要赞美珍贵我今日所觉到的一切异感，和我将来一切的觉悟。相信这是爱我的人由他最可爱的手递给我的。那么，朋友！你又何须为我而倍增凄伤呢？

十四年四月七日夜

（见《世界日报·蔷薇周刊》第九十四期，1929年1月15日，第一、二版。）

---

①露沙，女作家庐隐的代称。"露沙"原为庐隐小说《海滨故人》中的人物。

# 我沉沦在苦忆中

我回来又去了彭小姐家一次，满天星斗中归来，我想起了君宇！

回来并不曾做稿，翻书箱找出若干旧稿不但可用而且还是好的稿子，我喜欢极了！你也该喜欢罢，朋友！不只这期，许多期的论文都有了。不过我又翻出旧信来，看见F君从前写给我美丽的各色的许多信时，我才知道他如今是变了。不是我变，是他变了，变成了可怕的虚伪的敷衍。看见C君许多天真可爱的小信，令我热烈地想念他，我多时未看见他沉默而黄白的脸了，我真想到他一种令人不能忘的印象。看见萍的信，我觉得人间的可怕和人情的不可靠，别人信我未看。露沙的信都捡出来了，没有看。总之，在这些旧信中，令我感到一种悼亡的伤感！唉！什么都过去了，往日如梦！想到你——

朋友，你也是我朋友中之一，将来，或者你给我的印象，大概也是这浅青色的几封信吧！梦醒后我所追求得到的，所遗给我的大概也仅仅是这点东西罢！她帮助我联想起一切的往事的，大概也是她们罢！世事人情，我真看透了，当时未尝不认真，过后呢，才不过是那么回事呢！可恨可怕的人心，我诅咒他，我怨恨他！

我又找出君宇初死时我给乃贤的信，披展开时，朋友！我真觉又冷森，又抖战。那零乱的字痕上，满染着泪迹，模糊中系埋着多少尸骸一样的可怕！我要寄给你看，怕伤你心，我不寄了，总之我的泪迹你也见了不少了。

大概我们都高兴吧！今天灯光炉火下，双立着印在墙上的人影。假如我是有颗完整心的人时，那是多么快活呢！一对无虑的小儿女。但是，朋友！人间是只有缺陷的，所以我们立在那种神秘恬静的灯火下，只是一对负伤的小鸟，互相呈露出自己的悲怆。在默默无语中，在这样如画如诗的环境中，我们只为了这环境，更增我们宇宙缺陷之感！我那样心情下，第一令我难受的便是君宇了。我每次在一种静的环境中对着你朋友时，我总想到君宇。真对不住你，而且也有点唐突你，我几次想喊你作"君宇"。当我看是朋友你的脸时，我自己苦笑了，今天我几次的笑都是笑我这样可怜的心呢！朋友！我真想他，假如他现在能如朋友你一样这样活活泼泼和我玩，我愿我马上死了都可以。不过，不能了，他是死了，谁都说他是死了两年之久了。然而，天呵！为什么他不能在我心头死去呢？朋友！我今夜心海汹涌极了，我想死了的宇，我想到了母亲，我又想到这漂泊无人管的自己。这是十五年除夕之夜，然而朋友呵！我只沉沦在这样苦忆中而瞠目向天作无声之泣！

朋友！这是最后一张了，我不自禁地觉得万分悲怆！朋友！在这个信纸期中，我们是已经醒了多少次梦了，不过，朋友你和我的梦尚未全醒。但是，朋友！你千万不要为了可怜伤心的我这样的朋友而难受而悲怆！我早就不愿我给你印象太深，怕你将来难过。然而我见了你时，我又不能而且不忍压伏你和我自己的自然和天真。这样，我自己是时时觉醒着，我只怕你太难过呢！所以你自然不能不为了你可怜的朋友而伤心。不过，你千万不要把自己也卷入伤心的漩涡才好，我真有点怕呢！

我呵！认识你以来，大概给予了你的只是悲怆，令你变成了悲哀而失快乐的可怜小孩。我自己呢？自然是一半欢欣，一半悲怆！不过我总笑欢，如今，除了天涯几个知交外，你是可怜我同情我，愿给我安慰快乐的一个忠诚的朋友！君宇有灵，他该怎样感谢你呵！你是这样待他遗给人间的梅妹。这时已一点半了，夜静得真有点冷，有点怕，我要睡了，祝君宇来入梦！这最后一天，不愿睡，我真想直坐到天明，想想这一年中的往事，有多少值得欢欣？有多少值得悲哀？有多少值得诅恨？多少值得爱恋？

这一夜，愿梦神吻着你的笑靥，赐以未来的幸福，和红豆主人的来临！

梅 十五年除夕

今夜简直不想睡了，我想理理东西，

觉着什么都有点留恋。其实，不是什么都有点留恋，是有点留恋这十五年罢！我又开了手提箱，理了理你的信，今年是有这样厚厚的一束信。我是惊奇地笑了！

梅　二时半又写

（见《世界日报·蔷薇周刊》第九十七期，1929年2月18日，第一、二版。）

# 我永远没有明天

今夜失望了，案头你没有我的信？

我的泪才不珍贵呢，不过，近来在人前掉得不容易，昨夜算是我失败了。为了衣襟上一颗泪珠，你那样珍视、惊讶，我真羞悔，真的不该在你面前捺不住悲哀，重伤你的心！朋友！你原谅我！

清真可怜，那副青白的脸、深陷的眼真怕人。假使她要不测，我的此后的生命也日陷悲寂，大概连目下这样环境都要追慕成好梦的！

现在我们忠诚地说，你认识我，都为了萍①，为了清②，然而我们是多么无力帮助成全他们，反而在我们眼底看着清日陷痛苦。你想，朋友，这是怎样难堪的事！我每次想到都要垂泪的！我简直恍如身受，好几天失眠了，一闭眼我便想起清的愁苦。

　　静夜我常想，想到我和你。假使朋友，你早几年认识我，一定是要给你无限的喜欢；现在呢，朋友，我给予你的都是悲哀！虽然有时你或许认为是欢慰，然而我心深处是正在极悲哀的哭泣！不过，朋友，你屡次愿意为我担受悲哀，那么，朋友，我也忍心把自己的悲哀，流到你心里。朋友，你真愿你的天真幸福的心，浸在辛酸的悲哀吗？

　　今天你看了天辛的遗书③，你为什么要说那些话，都是你要说的？我不要你看它的缘故，因为在那里面我是一个值得诅咒的女子，我是万分地对不住他，我是万分地欺凌他！我的罪恶自然不愿献给人们，所以我不愿你看完它，因为不知道我的人是要误解我的。我和你做朋友，自然是比什么朋友都亲热，我不愿在你面前，表现我的罪恶，虽然已是表彰了许多。我愿有一天你能看完它，而且我死以后，我要请人把它出版，内容自然不亚于《少年维特的烦恼》④。我所以不给他付印的缘故，也是我不愿表扬我的罪恶尚在我生存的时候。

　　我今天倦极了，头也有点疼，不写下去

了。你看见我信时，或许这天不见面的。

到如今，朋友，我还是过一天说一天，永远没有明天。

我祝我朋友有甜梦来临！

评梅 十二月八号夜一时

（见《世界日报·蔷薇周刊》第一〇三期，1929年4月2日，第一、二版，原署名评梅。）

①萍，指陆晶清当时的恋人。②清，指陆晶清。③高君宇的遗书，今佚。④指德国作家歌德的中篇小说。

# 我的为了爱可以独身

一

一个卖花女郎问她："要空谷中的幽兰？要人寰里的牡丹？"她含泪说：

"谢谢朋友，我仅要把我的心唤回来，在紫罗兰前。"

谁都是愿意生命像春园般烂漫，不愿如秋野般枯寂。

在一种自然的情况下，我们人类的生活，是建在爱的园里，为了爱自然不能独身；但因环境事实的压迫，独身仅不过是一种求不到爱的呼声，也许是在特种情形，抵抗侵入的一种办法。理智情感事实上，我们绝不希望独身主义的成立。

我们不能讪笑独身三十年，而结果终不免同人拜花堂的女子；也不该鄙弃独身主义，而结果居然清静枯寂安于所守的女子；相信这是自我尊重、意志自由、个人趋避的问题。

花开时，绝不忍摧残其萎落；自然爱苗植种后，也绝无权禁止其滋放。

所以为了爱应该结婚。

二

独身既然我认为是某种情形的呼声和办法，因之我们知道独身的女子，所坚持她们信念的自然有个绝大的力存在，这力就是她们为了什么要不结婚而独身。

我不能为普天下独身的女子，做统计的叙述，但是我始终认为：人类是为了爱而存在，社会是为了爱才组织；任何事不能牺牲的，为了爱可以牺牲；任何事不能抛弃的，为了爱可以抛弃；死最神秘，但是爱比死还要神秘。

处此新旧嬗替的现世，爱园里横生荆棘，竖隔铁壁，旧道德偏阻其所好，投其所恶。在系链下挣搏的我们，自然痛苦多而愉乐少，失败多而成功少。饱尝酸辛、历经艰

苦之后，心湖自然由枯寂而平静，由平静
而绝望，她的爱之信念，遂变成独身
的信念。

我觉世间爱最伟大，为了爱独身的更
较伟大！

冰天

（见郭晓斌：《关于石评梅的一篇重
要集外文》，《中华读书报》2020年12月2
日第14版。原文发表于1925年2月4日的《京
报·妇女周刊》上，署名"冰天"。）

诗歌

## 痛哭英雄

假如这是个梦，

我愿温馨的梦儿永不醒；

假使这是个谜，

我愿新奇的谜儿猜不透；

闪烁的美丽星花，

哀怨的凄凉箫声，

你告诉我什么？

他在人间还是在天上？


我不怕你飘游到天边，

天边的燕儿，

可以衔红笺寄窗前。

我不怕你流落到海滨，

海滨的花瓣，

可以漂送到我家的河边。

这一去渺茫音信沉，

唤你哭你都不应！

英雄呵！

归不归由你，

只愿告诉我你魂儿在哪里？


你任马蹄儿践踏了名园花草，

又航着你那漂流无归的船儿，

向海上触礁！

迅速似火花的熄灭，

倏忽似流星的陨坠；

悄悄地离开世界，

走到那死静的湖里。


我扬着你爱的红旗①，

站在高峰上招展地唤你！

我采了你爱的玫瑰，

放在你心上温暖着救你！

可怜我焚炽的心臆呵！

希望你出去远征，

疑惑你有意躲避。

但陈列的死尸他又是谁？

人们都说那就是你！

冰冷僵硬的尸骸呵！

你莫有流尽的血，

是否尚在沸腾？

你莫有平静的心，

是否尚在跃动？

我只愁薄薄的棺儿，

载不了你负去的怨恨！

我只愁浅浅的黄土，

埋不了你永久的英魂！


你得到了永久的寂静，

一撒手万事都空；

只有我清癯的瘦影，

徘徊在古庙深林；

只有我凄凉的哭声，

飘浮在云边天心。

你既然来也无踪，

去也无影，

又何必在人间寻觅同情？


这世界只剩了凄风黄沙，

我宛如静夜里坟上的磷花。

朦胧的月儿遮了愁幕，

幽咽的水涧似乎低诉？

这不过一副薄薄的棺，

阻隔了一切。

比碧水青山都遥远！

啊！梦吗？似真似幻？


（见《京报·妇女周刊》第十六号，1925年

4月1日，第五、六版。原署名心珠。）

①石评梅的原文是"我接过你护爱的红旗"，以此表达她愿继承高君宇的遗志。

# 旧　稿

我把心声传到指尖，

这凄音只有妈妈懂的；

假如我心是一架琴时，

妈妈的心便是琴弦。

几首残诗留在红叶上，①

题诗的人儿已经埋葬；

只愿，只愿它化作了一缕轻烟，

带我的心飞进碧云乡。


乘着微醉，

将悲哀悄悄装在酒杯；

月儿圆时，

请嫦娥送到妈妈的梦里。


什么时候休息呵？

织布的女郎！

握着缠满银丝的金梭，

在这万缕纵横的路上。


沉寂令我回想，

回想到儿时；

在银光辉煌的夜里，

请妈妈摘晶莹的小星。


我愿我像云雾中的远山，

谁也知道我，谁也不认识我；

我愿我像飞瀑底的浪花，

谁也看见我，谁也捉不到我。


一颗流星陨坠，

一朵鲜花零落，

给人点酸意；

这酸泪——便是我枕畔的泪！


悲哀系在柳梢儿——恹恹，

将一切付秋风去理管；

秋风吹断了柳丝儿——缕缕，

悲哀又掉落在我心头。

只剩了个茉莉花球，

又被青年的水手赠给了海上浮鸥；

这空虚不载的船儿呵：

漂泊着——漂泊着——航向何处？


这是永久的归讯，

梦里我告诉妈妈一声：

灿烂的夕阳西陨，

银涛抱着我漂流的尸身呜咽！


（见《京报·妇女周刊》第三十九号，1925

年9月9日，第六、七版。原署名梅玲。）

---

①高君宇在赠石评梅的三枚红叶上题诗，原文见本书前言第二部分。在本诗中，石评梅将高
君宇之死比喻为"一颗流星陨坠"，将自己的余生比作"一朵鲜花零落"。

# 祭献之词①

醒来醒来我们的爱情之梦，

惠馨的春风悄悄把我唤醒！

时光在梦中滔滔逝去无踪，

生命之星照临着你的坟茔。


溪水似丝带绕着你的玉颈，

往日冰雪曾埋过多少温情？

你的墓草青了黄黄了又青，

如我心化作春水又冻成冰。


啊，坟墓你是我的生命深潭，

恍惚的梦中如浓醴般甘甜；

我的泪珠滴在你僵冷胸前，

丛丛青草植在你毋忘心田。


世界已捣碎毁灭不像从前，

我依然戴青春不朽的花冠；

我们虽则幽明只隔了一线，

爱的灵魂永久在怀中睡眠。


天空轻轻颤荡着哀悼之曲，

比晚祷钟声更幽怨更凄切。

为了你我卸去翱翔的双翼，

不管天何年何日叫我归去。


我虔诚献给你这百合花圈，

惨惨的素彩中灵魂在回环；

不要问她命运将来受摧残，

只珍藏这颗心千古在人间。

十六年三月五日君宇二周忌日


（见《语丝》第一、二、三期，1927

年3月19日。原署名评梅。）

---

①这首诗表达了石评梅把她对高君宇的爱永驻心间。

# 高君宇墓碑碑文

我是宝剑，我是火花。

我愿生如闪电之耀亮，

我愿死如彗星之迅忽。

这是君宇生前自题相片的几句话①，死后我替他刊在碑上。

君宇！我无力挽住你迅忽如彗星之生命，我只有把剩下的泪流到你坟头，直到我不能来看你的时候。

评梅②

①译自德国诗人海涅的《颂歌》。②这碑文写于 1925 年 5 月 5 日。

# 挽　词①

梦魂儿环绕着山崖海滨，

红花篮青锋剑都莫些儿踪影。

我细细寻认地上的鞋痕，

把草里的虫儿都惊醒。

我低低唤着你的名字，

只有树叶儿被风吹着答应。

想变只燕儿展翅向虹桥四眺，

听听哪里有马哀嘶，

听听哪里有人悲啸。

你是否在崇峻的山峰，

你是否在浓森的树林？

呵！刹那间月冷风凄，

我伏在神帐下忏悔。

为了往日的冷落，

才感到世界的枯寂。

只有明月吻着我的散发，

和你在时一样；

只有惠风吹着我的襟角，

和你在时一样。

红花枯萎，宝剑葬埋，你的宇宙被马蹄儿踏碎。

只剩了这颗血泪淹浸的心，交付给谁？

只剩了这腔怨恨交织的琴，交付给谁？

听清脆的鸡声，唱到天明，

雁群在云天里哀鸣。

这时候，君宇，君宇，你听谁在唤你；

这时候，悽悽惨惨，你听谁在唤你。

评梅再挽

①高君宇胞弟高全德记载，这首挽词是石评梅亲笔题写在横幅白布上的，当时曾悬挂在1925年3月29日在京举行的高君宇追悼会上。会后，它被收存于高君宇原籍家里。新中国成立前，历经变故，原件下落不明。这是村人发觉后偷抄保留下来的。

# 挽联①

碧海青天无限路，

更知何日重逢君。

上款：君宇千古

下款：评梅挽

---

①这首挽联原在高君宇追悼会后保存于高君宇原籍家中。新中国成立前，也因历经变故，原件下落不明。此为高全德依据家人背诵记忆留下的抄件，现特收录于此。

# 出版后记

　　1.本书收入高君宇致石评梅情书15封，高君宇致岳父解除婚约信1封；因为石评梅致高君宇信件佚失，所以我们收入了石评梅写的一些书简、文章等，这些资料中大多都提到了石评梅跟高君宇交往的事情，是重要的佐证资料。

　　2.这些书信写于20世纪20年代，鉴于当时民国时期语言变革的特殊情况，一些遣词造句、语法、表达结构、人名地名之类的翻译等与现在的写法、用法等有或多或少的差别，比如，身分和身份、像片和相片、惟一和唯一、付和副、泄漏和泄露、现得和显得、那里和哪里、照像和照相、帐和账、恶梦和噩梦、走头无路和走投无路、象和像、莫有和没有、那末和那么、恶运和厄运噩运、原故和缘故等；还有个别可能系作者笔误，如"带在手上"，结合上下文应为"戴在手上"；"才不过是那么会事"，结合上下文，"会"应为"回"等。在编辑过程中，我们尽量对这些问题原汁原味地保留，目的就是力图为读者还原高君宇石评梅情书的原貌。但为了适应当前的语言文字阅读习惯和图书编校质量要求，我们也适当做了必要的技术处理，特别是"的、地、得"和标点符号的使用等。

3.为便于阅读，在每封信上加了一个小标题，以方便读者更好地阅读。

4.百密一疏，信中有些文字或许在当年的手稿中就无法识别出来，或者识别出来仍有很多存疑之处，审校者和编辑后期已经尽最大努力去识别。如有认错的，还请读者海涵！

5.高君宇和石评梅当年通信很多，但后来由于种种原因，很多信件遗失了。我们一直致力于寻找搜集关于高君宇石评梅情书的更多原件手迹手稿。若您手中有这类宝贵资料，烦请跟我们联系。不胜感激！

6.上述处理方式若有不妥之处，敬请批评指正。"美丽情书"系列是一个成长中的图书出版项目，我们一直在探索和实践"原汁原味反映民国大师情书原貌"和"当下语言文字阅读习惯与编校质量要求"两者之间平衡的"最优解决方案"，且一直在动态地调整与改善。希望能得到您的帮助，令它更加优化与完善，在此表示非常感谢！

中国青年智库论坛办公室

（新青年读物工作室）